学級・授業・教師を楽しくする技術

『ネタ』祭

土作 彰・髙橋 朋彦・鈴木 優太 著

JN021552

明治図書

はじめに

　素晴らしい学級をつくりたい！　教師なら誰もがそう願い，日々の指導に
あたることでしょう。

　しかし，「素晴らしい学級」をつくるためには，具体的な指導技術をもた
ねば奏功しません。教師の仕事は実に多様です。授業はもちろんのこと，人
間関係づくり，マルチタスクをこなしていく技術も必要・必須です。

　では，どうすればよいのか？　それは，教育に関する情報を手に入れるこ
とです。それもできるだけ多く，多彩に！

　医師は，例えば感染症に罹患した患者に対して抗生物質を投与します。し
かし，その種類が少ないと，さまざまな細菌を駆逐して治療することはでき
ません。同様に，教育現場で出くわすさまざまな状況に的確に早く対応する
ためには，たくさんの対処法を知っておく必要があります。それらを1人の
教師が1からつくり出していくのは大変です。非効率的です。ですから，先
行実践から取捨選択して自分の毎日の仕事に活用する——これが「最適手」
だと言えます。

　本書には，学級づくり，授業づくり，仕事術に関する効果的な方法が紹介
されてます。出版に際してご一緒させていただいた髙橋氏も鈴木氏も「ネ
タ」情報発信力なら日本トップレベルです。僭越ながら，「ミニネタ」で30
年余やってきた私との3人タッグによる「ネタ」本・セミナーは，他の追随
を許さないものと自負しています。本書でご紹介する「ネタ」は，その3人
の執筆者が重厚な実践経験から「効果あり」と認めた珠玉の教育情報です。
明日からの実践に役立たないはずがありません！

　さあ，明日から超多忙な，でもめちゃくちゃ魅力的な教室で子どもたちと
明るく！楽しく！人生を刻んでいきましょう！

　この本が1人でも多くの先生の笑顔につながりますように。

執筆者を代表して　土作　彰

もくじ

第1章　学級づくりネタ

第2章 授業づくりネタ

第3章　仕事術ネタ

第1章

学級づくり
ネタ

今週のミッション

「学級をよくしたい！」と思うのですが，子どもの力だけではなかなか学級をよくすることができません。そこで，「今週のミッション」を短期目標として子どもと共有することで目標に向かって成長する意識が高まります。

髙橋　朋彦

成長しようという意識が低い……

　４月の年度はじめ。子どもは学校生活に一生懸命に取り組み，大きく成長してきました。しかし，数か月が経つと前向きな気持ちも薄れ，日常をなんとなく生活するようになってしまいました。４月は学年が上がったということもあり，「新しい学年で頑張ろう！」という目標があったから子どもたちは頑張れました。しかし，学校生活にも慣れ，目標がなくなってしまえば，なんとなく過ごす日々になってしまいます。

ネタ発動！

❶ 今週のミッション！で成長を目標とする

　新年度は，新鮮な気持ちが「頑張る！」という目標を自然と立ててくれます。頑張るという目標もいいと思うのですが，新鮮な気持ちが薄れてしまうと，頑張るという目標はいつまでも続きません。

　私は学校を「成長するために来る場所」と考えています。そこで，成長するための短期目標である今週のミッションを立てるようにしています。

朝の会でミッションを
共有して，帰りの会で
評価します。

❷ 今週のミッションはこう立てる

学級の課題を把握し，

「時間通りに授業をはじめよう」

「ポジティブ言葉を10回以上言おう」

というようにミッションを設定し，朝の会で共有します。帰りの会では，ミッションが達成できたかどうかをA〜Dで自己評価してもらいます。

課題は，教師が立ててもいいですが，慣れてきたら子どもに任せてもいい
と思います。

成長を目標とすることで，子どもたちは行動改善をしながら目標に向かっ
て前向きに取り組めるようになります。

＊千葉県の飯村友和先生に教えていただいた実践を参考にしています。

POINT

- 成長するための具体的な１週間の短期目標を立てる。
- 帰りの会で自己評価をしてもらう。

健康観察リレー＆振り返りリレー

3つの習慣（①級友の名前を呼び合う習慣，②級友の話を聴き合う習慣，③振り返りの習慣）が，自治的な学級には欠かせないと考えます。朝と帰りの『○○リレー』で習慣化します。

鈴木　優太

名前を呼び合おう

　子ども同士がお互いの名前を呼び合う関わりは，人間関係づくりの点からとても重要です。

　座席が離れていても，名前を呼ぶ子と呼ばれる子は，互いに相手に体を向けて目を合わせます。その他の子も，体の向きをくるくると変えて，呼名された級友に正対するようにします。

　名前を呼び合うことや，態度や行動で思いやりを見える化する心地よさを，子どもたちは毎日の体験の積み重ねを通して実感します。

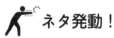
ネタ発動！

---

❶ 健康観察リレー

１　出席番号順に，子どもたちがリレーのように呼名する。

２　「はいっ！」と返事し，健康状態を発表する。

３　教師は子どもたちの観察に専念する。

日直「健康観察リレー！」　　全員「健康観察リレー！」

日直「Ａさん！」

Ａ児「（起立）はいっ！　元気です！　Ｂさん！」

Ｂ児「（起立）はぃ……少し寝不足です」　　全員「お大事にぃ～」

Ｂ児「Ｃさん！」

Ｃ児「（起立）はいっ！　元気です！　Ｄさん！」

---

❷ 振り返りリレー

１　出席番号順に，子どもたちがリレーのように呼名する。

２　「はいっ！」と返事し，その日のベストエピソードを二文程度で発表する。

３　発表する級友に正対して聴く。

日直「振り返りリレー！」　　全員「振り返りリレー！」

日直「Ａさん！」

Ａ児「（起立）はいっ！　３時間目の体育です。Ｂさんのアドバイスのおかげで，跳び箱の着地がぴたっとできました。Ｂさん！」

Ｂ児「（起立）はいっ！　５時間目の理科です。実験の様子の動画撮影を班で協力してできました。Ｃさん！」

Ｃ児「（起立）はいっ！　……パスします。Ｄさん！」

POINT

• 発表する級友に正対して聴く。

• 「パスします」もＯＫとする（末尾の子の後にリトライ。友達の振り返りを一通り聴いた後なので，真似をして言えるようになっていく）。

人生最高の挨拶＆さようなら問題

> マンネリとダレた朝の会・帰りの会はやめましょう。朝はスポーツチームの円陣のように元気な挨拶で一気に心をハイテンションにもっていきます。逆に，帰りは静かに明日の基礎学力形成につなげる数問で終わります。

土作 彰

形式的な「儀式」の打破

　日直とおぼしき子どもが前に出て，棒読みのシナリオを読み上げていく。覇気のない挨拶，健康観察，提出物チェック，１分間スピーチ……。形式的な朝の会・帰りの会メニュー。子どもたちの目は終始「死んで」いる。そんなはじまり方，終わり方の学級生活が楽しいはずはありません。何のためにやっているのかわからないことをやらされて子どもは楽しいか？　成長するか？　それがないのならやらないほうがマシ。意味のあることをしましょう。

ネタ発動！

❶ 元気な挨拶でスタートする手順

　「誰か先生と挨拶勝負しませんか？」と，子どもたちを挑発します。

　やんちゃ君の出番です。

　名乗りをあげたら，「ようし！　じゃあ勝負ね！　先生からやるよ！」と言って「お手本」を聞かせましょう。

　次に代表の子の番です。

　その勇気に，全員で大きな拍手を贈りましょう。

「次は全員ね！」と言って全員で挨拶をします。

これだけで学級は明るく元気な雰囲気になります。

大きな挨拶をさせるポイントはムードづくりです。

「大きな声を出すことは楽しくていいことなんだ！」というムードを一気につくり出しましょう。

❷ 帰りはその日の学習内容のチェックと定着のチャンス

その日，最後の授業が終わった子から黒板に書いた「さようなら問題」を紙片に書いて持ってこさせます。

１〜２問でいいでしょう。100点になったら姿勢を正して「さようなら！」と挨拶して帰っていいことにします。

早く終われば早く帰れます。

子どもたちは先を争って問題を持ってきますが，当然雑な字や名前抜け，間違いが増えます。さっと突き返して再チャレンジさせましょう。そんな中で丁寧さ，正確さ，礼儀作法が身についていきます。

$$14 \\ \times 78$$

正解したら
さようならだよ！

POINT とにかくテンポよく！

• 挨拶指導のやりとりは2秒空けずに指導言を次々繰り出していきます。

• 帰り問題のやり直しは手伝わずに自力解決させます。

日直の「サンキュータイム」

学級の子ども全員によいところを伝えることは難しいものです。そこで，日直の子をほめるシステムにします。日直は日替わりで全員が取り組む当番活動なので，帰りの会に時間をつくることで，全員をほめることができます。

高橋　朋彦

学級の子ども全員をほめるのは難しい

「学級の子ども全員をほめたい！」
と思うものの，いつもほめることができるのは同じ子ばかり。あの子はいいことをしているはずなのに，全く思いつかない。別のあの子はいいことをしている様子を見たことがない。また，いいところを見つけたとしても，伝える機会をつくることができない。そんなことはありませんか？

ネタ発動！

❶ 日直のいいところ探し！

そんなときに役立つネタが，「日直のサンキューカード」。
日直のいいところを教師が見つけてカードに書き，帰りの会で読みながら日直に渡すという活動です。

次のような手順で取り組みます。
①日直のいいところを見つける。
②カードによいところを書く。

いいところを書いて
伝えています。

【おにぎり一筆箋】
おにぎりママのお店
https://onigirimama.thebase.in

③帰りの会で読みながら渡す。

❷ **よいところをいろいろな人に知らせられる**

　この活動をすると，カードを渡された日直が嬉しいだけではなく，日直の
よいところをいろいろな人に知らせることができます。例えば，帰りの会で
読むことで，他の子に知らせられます。また，連絡帳にカードを貼ることで，
お家の人によいところを知らせることもできます。

POINT

・日直のよいところを見つけてカードに書く。

・帰りの会で読みながら渡す。

1分間いいことタイム

「学級のみんなのためになることを見つけて取り組もう！」願いを形にするための「時間」や「場」を十分に確保していますか？　わずか1分間。毎日継続することで，よい行動が習慣化します。

鈴木　優太

放課後の教室がぐちゃぐちゃ？

　子どもたちが帰った後の教室がぐっちゃぐちゃ。そのまま次の日を迎えてしまっていたり，教師だけが整理整頓に奔走していたり……子どもたちの自治とはほど遠い教室運営に陥ってしまってはいませんか？

　子どもたちの手で教室環境を整える意識と行動を育み，教室に好循環を生む取組が『1分間いいことタイム』です。

ネタ発動！

❶ 日常の行動が変わる！　わずか1分間

　毎日の帰りの会で『1分間いいことタイム』を設けます。

　読んで字の如しの活動です。

　机まわりやロッカーなどを整頓するもよし，持ち帰る物や明日の準備物を呼び掛け合うもよし，感謝の言葉を伝え合うもよし，当番活動や係活動に取り組むもよしです。

　自分がいいと思うことに，それぞれが1分間取り組む時間です。わずか1分間なので，すぐにはじめられます。

　たかが１分間ですが，されど１分間です。毎日取り組み続けることで，よい行動を考え，進んで取り組む子どもたちの姿が日常的に見られるようになっていきます。心がほっこりあたたかくなり，教室も整います。

❷ 係活動が盛り上がる

　『１分間いいことタイム』の直後にみんなからコーナーを設けます。係活動の連絡や発表が促されます。停滞期も何のそのです。子どもたちが中心の自治的な雰囲気が教室に充満していきます。わずか１分間の「継続」が鍵です。

POINT

- 読んで字の如く，『１分間いいことタイム』を帰りの会で継続する。
- いいことが日常生活に広がっていき，係活動も活性化する。

日直・当番の廃止

当番は「学級を動かすために全員で分担する仕事」，係は「学級をより楽しくする仕事」といいますが，そもそも，「おもしろくない仕事」を分担しようとするのをやめませんか。

土作 彰

 ## 形式的平等主義からの脱却

　多くの学級では，当番活動ではまず仕事を列挙し，個人や班ごとに担当を機械的に割り振っていくことになります。１週間ごとに回していく円盤や一人一役の表などが学級に掲示されることになります。

　これらの方法は一見平等であるかのように見えますが，多くの場合は，仕事が不十分であったり，さぼったりという問題が発生します。なぜなら，子どもたち自身がその仕事にプライドもやる意義も感じていないからです。

ネタ発動！　～やりたい人がやる！　それが基本！～

❶ 仕事を列挙し，やりたい仕事に就く～人数は無制限～

　日直が行う仕事を想起して列挙していきます。子どもたちに「他にどんな仕事が必要かな？」と聞いて追加していくとよいでしょう。そうやって出揃った仕事に「やりたい人はいますか？」と聞いて担当を決めていきます。

　このとき，人数は決めません。例えば，電気係の希望者が４人いても，構わずその４人を電気係に任命します。

❷ その後は適材適所に落ち着く

　決まったらその担当で最低１週間は様子を見ます。それで問題がなければ，そのままで継続していきます。先の例で４人の中である１人の子だけがほとんどの日の仕事をするような事態になっても，その４人は電気係のままで構いません。いつもの子が休んだりしたときにフォローできれば大したものです。また，自分から「他の仕事になりたい」と言ってきたのなら認めます。その新しい仕事にプライドをもってやらせます。そして，折に触れて「毎日○○さんが電気の仕事を忘れずにやってくれるから助かるね。ありがとう」と感謝の気持ちを伝えましょう。そうなると子どもたちは，「やらされているからやる」というのではなく，「誰かのために役立っているからやるという」モチベーションになります。そうして，プライドをもって仕事に励むように成長していきます。

POINT　　内発的動機づけから外発的動機づけへ

- 機械的に仕事を割り振るのではなく，自分の希望を優先させる（そのことが「やらされる仕事」から「やりたい仕事」へ仕事観を転換させる）。
- まずは，教師の仕事観を変えることが大切。

給食作戦会議

> 私が若手の頃，一番大変だったのが「給食の準備」でした。教師は配膳しなければいけないと焦るのですが，子どもは他人事で，とても時間がかかっていました。自分たちの力で手早く準備できるようにさせたいものです。

髙橋　朋彦

誰も給食準備をはじめない？

4時間目が終わったので次は給食です。しかし，子どもたちは遊びはじめてしまい，誰も給食の準備をしようとしません。

「手を洗ったら席に着きなさい」

「当番は早く着替えなさい」

と，呼び掛けてやっと準備をはじめたのはいいのですが，ダラダラと準備をするのでなかなか準備が終わりません。気づけば準備に30分近く経っていました。

ネタ発動！

❶ 給食作戦会議！

給食の準備が遅い状態のとき，子どもたちは給食の準備をすることを自分事だととらえていません。給食の準備をすることを自分事としてとらえ，素早く準備するために，「作戦会議」を行います。

作戦会議とは呼ぶものの，内容は話し合いです。名前をちょっと変えるだけで，子どもたちは前向きに話し合うことができます。

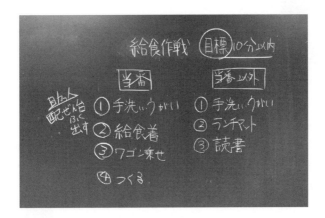

【話し合い方】

①前日に給食の準備にかかった時間を計っておく。

②かかった時間を子どもに伝える。

③「知ってる？　一流の学級は10分で給食を配膳できるんだって」と目標を設定する。

④早く配膳するための方法を話し合って決める。

⑤みんなで協力して決めたことに取り組む。

❷ 給食の準備を自治的活動につなげる

　最初は教師の手助けも必要ですが，給食の準備に時間がかかるという課題を子どもに気づかせ，自分たちで解決の方法を考え，自分たちで取り組むことで自治的活動につながります。

POINT

- 自分たちが給食の準備に時間がかかりすぎていることに気づかせる。
- 「作戦会議」という名の話し合いをさせる。

全員参加の給食配膳革命

食の細い子どもが少しでも余裕をもって食べられるように準備に割く時間を短くしたい，また，給食時間を学級にとって意義のある時間にしたいと全員配膳を考えました。

土作　彰

革命！　誰も困らない画期的な給食準備方法

　給食の時間に頭を悩ませている先生の声。「準備に時間がかかりすぎる」「時間内に食べきれない子が多い」「残食が多い」などというものが多いのではないでしょうか？　このような状況では，教師の声は荒くなり，子どもたちは何かに怯えながら，辟易しながら準備に追われることになります。せっかく楽しい時間であるはずの給食の時間が苦行となり，結果として望ましい人間関係が構築されなくなります。では，どうするとよいでしょうか？

ネタ発動！　〜みんなでやっちゃえばいいじゃん！〜

❶ 全員でやる→協力のすばらしさを体験させる

　具体的な方法です。クラスを３つの役割に分けます。「配膳担当：従来のエプロンを着用して配膳するメンバー」「運搬担当：配膳担当が配ってくれたメニューを友達の机上に運ぶ」「配置担当：机上のトレー（またはナプキン）の上にある食器などをきちんと並べる」

　つまり，全員で一気に準備するのです。これでどんなに遅くとも10分は切るはずです。

全員給食準備

①配膳担当　　　②運搬担当　　　③配置担当

❷ 全員でやることの素晴らしさを確認する

　そうして子どもたちに聞きます。「今までとても長く時間がかかっていた給食準備が，なぜこんなに早く終わったのでしょう？」すると，子どもたちからは，「全員で協力したから」という答えが必ず返ってきます。「そうですね。自分のことばかり考えていると時間はかかりますが，みんなが自分のことを後にして友達のことを先に考えて準備すると，こんなに時間を短くできるのです。つまり，協力することでみなさんは友達の時間＝人生＝命を大切にしたのですね。とても素晴らしいです」と称賛しましょう。

POINT　　全員でやれば早い！　それは協力したから！

- タイム計測を行う（全員でやれば必ず時間は短縮される）。
- 協力することで，時短できたことを喜び合う。

アライン線

> ロッカーや靴箱は，無意識だと奥の壁まで押し込んで使いがちです。「手前のへり」に揃えることは，意識しないとできません。「全体」に気を配れる一人一人の意識と行動があってはじめて見られる景色です。

鈴木　優太

見えない「線」を感じる環境づくり

見えない「線」を感じると，私たちは本能的にすっきり整った印象をもちます。デザインの原則に則ったこの見えない「線」を『アライン線』（別名：整列線）と言います。

ネタ発動！

❶ アライン線

「手前のへり」と「ランドセル」を揃えると，ロッカーの全体が整って見えます。

『アライン線』を感じるためです。

ロッカーで保管する副読本なども「手前のへり」に揃えて置くと，取り出しやすく美しいです。

❷ 奥の壁まで押し込まない

靴箱では，「手前のへり」と靴の「かかと」を揃えます。「奥の壁まで押し込まない」ことがコツです。

同じ物を同じように並べて置くことが多い学校では，『アライン線』をあらゆる場所で心掛けることで，すっきりと美しい学習環境が整います。

POINT

- 奥の壁に押し込まずに「手前のへり」に揃える。

連絡帳に「サンキューカード」

家庭に電話連絡することはいつもネガティブなことばかり。ポジティブな電話連絡は緊急ではないので，保護者の貴重な時間を奪ってしまいます。保護者の時間を大切にしたうえでポジティブなことを伝えたいと考えています。

髙橋　朋彦

 子どもがいいことをしたら……

　子どもがトラブルを起こしたときややらなければならないことをしていないときなど，困ったことが発生したときは家庭と連絡をとります。しかし，

「子どもがよい行動をとってくれた！」

「子どもが成長してくれている！」

など，嬉しいことがあったときは，伝える機会をつくることができません。そんなとき，サンキューカードを連絡帳に貼ってみてはいかがでしょうか？保護者の時間を奪わずによかったところを伝えられます。

ネタ発動！

❶ 連絡帳にサンキューカードを貼る！

　p.18でご紹介したサンキューカード。これを連絡帳に貼って保護者に子どものよいところを伝えていきます。１日１枚しか書かないので，大きな負担にはなりません。

　連絡帳に貼るだけで，家庭でもほめてもらえるので，保護者にとっても子どもにとっても効果のある取り組みです。

連絡帳なら保護者の貴重な時間を奪わずに，よかったことを伝えることができます。

次のように取り組みます。

①日直のよいところをカードに書く。

②帰りの会でカードを読む。

③連絡帳に貼って親に見せるように伝える。

❷ 目に見えなくても効果あり！

サンキューカードを連絡帳に貼ると，はじめは多くの保護者から喜びのメッセージをいただくことができます。しかし，続けると保護者からメッセージをもらえなくなって少し寂しい思いもします。しかし，子どもにも保護者にもしっかりと伝わっています。効果は目に見えにくいですが，継続することを大切にしています。

POINT

- 日直のよいところをカードに書く。
- 連絡帳に貼って保護者に見せるように伝える。

先出し週予定

> 連絡帳に，明日の予定を記入する毎日の5分間，本当に必要でしょうか？　私は行っていません。朝や帰りの会での予定の確認も，変更がある場合だけです。その分，係の発表やレクや振り返りの時間に使います。
>
> 鈴木　優太

次は何の時間？

「先生，次の時間は何ですか？」
という子がいなくなります。言われてから行動させられる人ではなく，自分で見て考えて行動できる人に育ってほしいです。

　子どもたちは，『先出し週予定』を見て，いい準備をします。

ネタ発動！

❶ 脱・その日暮らし

　週予定の雛型は，校務支援システムや教務主任が共有してくれる時数を自動カウントする Excel データです。「そのまま」使って，時間割の部分だけを範囲指定して印刷します。単元名を入力しておくだけで，子どもも教師も見通しがもてます。

　私は，『先出し単元計画』（参照 p.96）から，各教科の1時間ごとのゴールをコピペして作成しています。

　その日暮らしの学級経営に陥らない点から，自分のために作成しているとも言えます。時数管理の仕事も同時にできて，いいこと尽くめです。

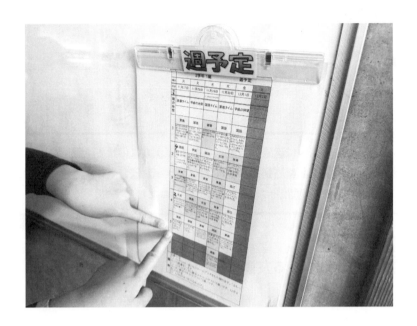

❷「2枚」配付し，教室にも全く同じ物を貼る

　前週の金曜日に配付するから『先出し週予定』です。「2枚」配ります。1枚は自分用で，お便りファイルに入れて，いつでも見られるようにします。もう1枚は家庭用です。教室にも全く同じ物を掲示します。Google Classroom などのクラウド上で共有するのもよいでしょう。提出物や持ち物も明記します。

　学級便りの裏側に印刷していた頃もありますが，別刷りをすすめます。学級便りの発行に縛られることがないからです。

POINT

- 子どもも教師もその日暮らしにならないようにする。
- 前週の金曜日に「2枚」共有し，教室にも全く同じ物を貼る。

休んだ子への寄せ書き

休んだ子どもの連絡帳に連絡事項を書いてもらうのに併せて，元気になる一言を添えてもらいます。連絡帳にさりげなく，ハート伝わるメッセージが添えられ，子ども同士の人間関係が構築されるチャンスになります。

土作 彰

病床に伏している友達への思い

挨拶にしても，お礼にしても誰かに言われてやるものではありません。「私には特にそんな気はないのだけど，誰かに言われたので挨拶します。お礼します」そんな相手への思いが欠落しているメッセージなど，しないほうがマシとさえ思います。

形式的なやりとりは効率的ではあるかも知れませんが，その分，伝わるメッセージは希薄になります。不器用だけど，もっとハートの伝わる方法を考えませんか？

ネタ発動！　〜連絡帳に寄せ書きする〜

❶ 明日への連絡の後に一言添える

連絡事項は誰か一人に書いてもらうとよいでしょう。そのときには，「病気で弱っている子が元気になる一言を添えてね」とお願いします。すると，子どもたちは「明日は元気になって登校してね！」「大丈夫？　無理しないでね」などのように優しく友達を労わる語彙を選んで書いてくれます。もらった子どもにとっては，この連絡帳は「宝物」になることでしょう。

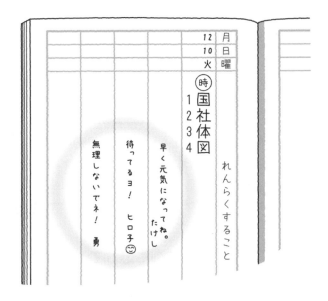

❷ 無理しなくていい

　全員に書かせるとなると，書いた書かなかったなどのチェックがかなりし
んどくなるので，まずは仲のよいメンバー数人に書いてもらうところからは
じめるとよいでしょう。そうして，無理なく少しずつ人数を増やしていきま
しょう。ただし，人間関係でトラブルが懸念されるような状況がある場合は，
要注意です。実施は控えたほうがいいですね。学級が落ち着き，人間関係が
無理なく構築していける状況を待ちましょう。

POINT

- お休みした子への連絡を人間関係構築のチャンスにする。
- 無理なく寄せ書きしてくれる子を増やす（全員に書いてもらう必要は
  ない）。

「人としての生き方」掲示

掲示物には，既に学んだことを思い出させる機能と視覚的刺激を与え続ける機能があります。いつまでも覚えておいてほしいことやトラブルが起こったときに思い出してほしいことは，掲示するなどして定着を図りたいものです。

土作　彰

 ## 人はどんな「いい話」も教訓も忘れてしまうもの

　道徳などで子どもたちの心に響いた話，トラブルなどを通じて子どもたちに伝えねばならなかったメッセージは，確実に子どもたちの生き方＝人生に大きな影響を与えます。

　しかし，悲しいかな人間は忘れる生き物でもあります。ですから，子どもたちを見取っているうちに「あれ？　この前話したことなのにもう忘れているやん。思い出させないとな」と思うことが必ず出てくるはずです。

　そのときに備えましょう。

 ## ネタ発動！　～人生は言葉でつくられる～

❶ 教師の生活指導の根幹は「言葉の指導」

　子どものみならず大人もまた人生を言葉でつくってきたことに異論はないでしょう。そして，子どもたちの世界でも起こりうるほとんどの事象のそもそもの原因は「言葉」です。

　私は，子どもたちに特に次のことを話します。「心は言葉より圧倒的に広く，深い。だから，自分の心を相手に100％伝えることなど永遠に不可能で

ある。細心の注意を払って言葉を選んで使っていこう」

　言葉が定まれば自ずから行動も定まります。つまり，心と言葉はつながっているのですね。

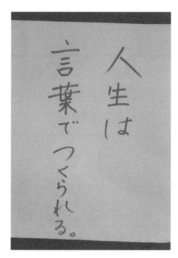

❷ 掲示物を使うタイミング

　掲示物は常時貼っておくことでも効果を発揮しますが，特にこのような生き方に関するものは，いつもは目立たないところに置いておき，ここ一番で黒板にド〜ンと再提示すると効果的でしょう。裏にマグネットシールを貼っておいて教卓の中にしまっておく，教室の横や後ろの黒板や掲示スペースに貼っておいて，いざというときに前の黒板に移動させるなどすると効率的・効果的でしょう。

POINT　　心に響いた言葉をここ一番で前に掲示する

- 子どもたちの心に響いた言葉を掲示物にする。
- ここ一番で前の黒板に貼って指導する（普段は目立たなくてよい）。

学級に増やしたい「ポジティブ言葉」

> ポジティブ言葉を増やしたい！と思っていても，子どもも教師もなかなか使えないものです。そこで，ポジティブ言葉を掲示物にして共有することで，ポジティブ言葉を増やすきっかけとしていきます。

髙橋　朋彦

ポジティブ言葉は意識しないと使えない

「ポジティブな言葉を使った方がいい！」

子どもたちも教師も頭の中ではわかっています。しかし，実際の学校生活でいざポジティブな言葉を使おうとしても，なかなか使うことは難しいものです。

ネタ発動！

❶ ポジティブな言葉を見える化する

ポジティブな言葉をいつでも使えるようにするために，「見える化」してみてはいかがでしょうか？

見える化することで，ポジティブ言葉が目に入り，意識して使ったり行動したりすることができます。

私は，子どもにポジティブ言葉を書いてもらっています。

不思議なもので，大人の字よりも子どもの字の方が，子どもは意識して使えるようになります。

次のような手順でポジティブ言葉を見える化していきます。

①ポジティブ言葉を子どもに教える。

②掲示物に書いて掲示する。

③ポジティブ言葉を意識して使うようにする。

❷ まずは教師がポジティブ言葉を使う

「ポジティブ言葉を使いなさい！」

と，子どもに言ったところで子どもは使えるようになりません。まずは，教師が掲示されたポジティブ言葉を使うことです。掲示されたポジティブ言葉を教師が使い，ポジティブ言葉のよさを子どもが実感することにより，少しずつ使えるようになります。

POINT

- ポジティブ言葉を教えて掲示する。
- 教師が率先して使い，広げていく。

脱・ひもぷら

「機能美」と言い，合理的な物事には美しさが伴うものです。『脱・ひもぷら』は，安全だから美しいのです。

鈴木　優太

ひもがぷらぷらしていたら・・・

ロッカーからひも（ストラップ）がぷらぷらと飛び出している「ひもぷら」状態は，足や物などが引っ掛かってしまい，思わぬ事故の引き金となり得ます。見た目も美しくありません。

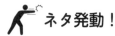
ネタ発動！

❶ ひもを取りはずす物

絵の具セットや習字セットは，ひもを取りはずします。取りはずしたひもは絵の具セットにしまいます。保管しておく時間が長く，毎日使う物ではない物だからです。必要な場合はひもを取りつけて使います。しかし，校内で特別教室の移動のために取りつける子はいません。

学期末は，荷物の少ない日に持ち帰ると肩掛けの必要がありません。つまり，なくても困らないようです。

❷ ひもをつけたままの物

　水筒や探検バッグはひもを使用する頻度が高いため，ひもをつけたままにするのが望ましいです。しかし，教室で最も「ひもぷら」になっている代物です。

　「脱・ひもぷら作戦」を子どもたちが話し合って実践します。ひもはロッカーの内側にしまうという当たり前のことも，子どもたちが話し合って決めたアイデアは何よりも効果抜群です。個人ロッカーに収納するランドセルの肩掛けひもや防犯ブザーなどもぷらぷらしないようにすると，安全ですっきりとした教室になります。

POINT

- 絵の具セットと習字セットはひもをはずして保管する。
- 「脱・ひもぷら作戦」について子どもたち自身が話し合って実践する。

単純接触効果「書いて貼る」

学習内容や，人生の生き方で子どもたちに定着してほしい内容は，画用紙などに書いて教室にどんどん貼っていきましょう。単純接触効果＝繰り返し接すると好意度や印象が深まります。

土作 彰

流行りの歌がすぐに歌えるようになるのは何故？

　SNS やテレビの CM ソングなどは歌詞カードもなければましてや「教科書」などもないのに，子どもたちはすぐに歌えるようになり，学校中で大流行り！ということってありませんか？　これは，それらの歌に1日で何度も何度も繰り返し触れているからに他なりません。あと1つ大切なのは，それらに触れるときに子どもたちの心は「快」であるということです。

　楽しく成功体験させたり，納得いく体験をさせた後は，視覚的，時には聴覚的に子どもたちに「接触」させていきましょう。

ネタ発動！　〜とっても簡単！　画用紙に書いて貼るだけ〜

❶ 学習内容

- 算数→九九，筆算のやり方，立体の名称，図形や割合の公式。
- 国語→漢字の読み，書き順。
- 理科→実験機器の名称，昆虫の身体の名称。
- 社会→都道府県名，世界の国々の名前，歴史人物。
- 道徳系→著名人の名言，生き方に関する教訓。

❷ 折に触れてミニ授業

　日々の授業で子どもたちと復習的な内容に触れたときに,「ほらっ!　あのときを思い出して!」ということはありませんか?　例えば,教室で暴言が聞かれたときに,「人生は言葉でつくられる」という名言を壁面から剥がして前の黒板に貼り,「どんな学習をしたかな?」と想起させて気づきを発表させていくだけでもいいのです。

　短時間であっても,タイミングが合えばその効果は絶大です。

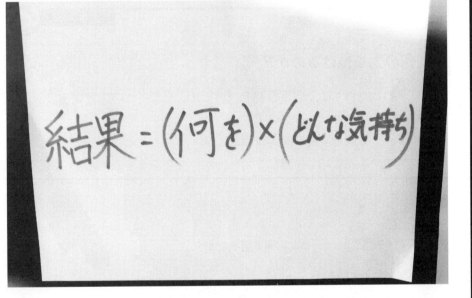

$$結果 = (何を) \times (どんな気持ち)$$

POINT

- 定着させるために,とにかくたくさん接触させる。
- 折に触れてのミニ授業に生かす。

事前指導「何の力をつけるのか？」

> 校外学習にしても運動会にしても，本番がはじまってから大声を出して指導しなければならなくなったら，その時点で失敗です。学校行事で一体何の力をつけさせたいのかを教師自身が明確にしたうえで事前にしっかり準備をしなければなりません。

土作 彰

何の力をつけるのか？

　学校行事は特別活動という授業の一環です。当然，その1分1秒で何らかの力をつけなければならないのです。

　ですから，教師は当然理想の具体的イメージをもたねばなりません。詳細はその学年や状況に応じて違いますが，次のことを子どもたちから出させるのです。

ネタ発動！　〜事前指導で語ること〜

❶ 校外学習でまず問う

　事前に子どもたちに次のように問います。「みなさんは今日，どこに何をしに行くのですか？」すると多くの子は，例えば「○○新聞社で新聞がどのように作られているのかを勉強しに行きます」「○○時代の日本の様子について調べに行きます」などという意見が出されます。

　そこで，次のように切り返します。「でも，それならわざわざ遠くへ行かなくても，教科書や映像を使って学習しておけばいいのです。交通費も高いからね」これでまず子どもたちは沈黙してしまうでしょう。そこで助け舟を

出します。「校外学習は立派な授業なのです。ですから，何らかの力をつけに行かねばなりません。何かわかりますか？」

❷ つける力を列挙する

　ここで引き出すべきは「学校の外に出るからこそ試せる力」です。例えば挨拶です。例えば道の歩き方です。例えば大人への口の利き方です。つまり，学校という隔離された環境から社会で生活する人たちの中に飛び込むからこそ試せる力を教師がもっておき，子どもたちの口からその答えを出させるのです。

　「そうですね。工場や展示物から学ぶことも大切です。でも，君たちの学習のためにいろんな心遣いをしてくださった人に対して，どんな気持ちをどんな方法で伝えますか？　また，君たちが歩く歩道や工場には，今日も一生懸命に働いている人たちがたくさんいます。そんな人たちに君たちはどんな姿を見せたいですか？『ああ，〇〇小学校の３年生は立派だなあ。またいつでも来てくださいね』と言ってほしいですか？　それとも『何だ？　〇〇小学校の子どもたちは？　なんて躾をされているんだ？　二度と来てほしくないね』と言われたいですか？　来年は君たちの後輩もここへ学習に来ます。〇〇小学校の先輩として『来年も〇〇小学校のみなさんには来てほしい！』と言ってもらえるような立派な姿を見せる。それもまた大切な学習であり，テストなのです」

　ここまで事前に指導されていれば，自分勝手にふるまう子どもはかなり減るはずです。

POINT

- 教師の言いたいことは子どもに言わせる。
- 人として礼を尽くせるかも，また大切な学習ととらえる。

事後指導「どんな成長をした？」

> 学校行事を成功させることも大切なことだと思いますが，学校行事を通して成長することは，もっと大切だと考えています。事後指導を通して学校行事で成長したことを明確にし，日常生活に生かしていきます。

髙橋　朋彦

行事での頑張りは……？

　運動会や学習発表会などの学校行事で子どもたちは一生懸命に頑張り，大成功することができました。しかし，学校行事が終わった次の日，学校に行ってみると，（あのときの頑張りは何だったんだ……）と思うくらいだらけた日常生活に戻ってしまっていることがあります。

　学校行事で成長した成果を，日常の学校生活でも生かせるようにしたいです。

ネタ発動！

❶ 学校行事の事後指導！

　学校行事での成長の成果を日常生活に生かせるようにするために大切なことが事後指導です。

　学校行事を通してどんな成長をしたかを個人で振り返り，学級で話し合っていきます。そして，その成長の成果を日常生活でどのように生かしていくか学級全体で確認します。

　決まったことは，忘れないように掲示物にします。

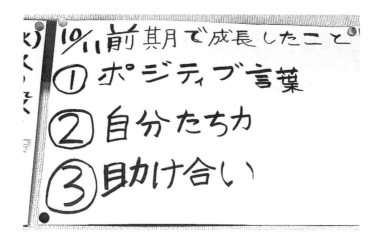

　次のような手順で行事の事後指導をしています。

①「○○を通してどのような成長をしたか」作文を書く。

②「○○を通してどのような成長をしたか」学級全体で話し合う。

③掲示物にして残す。

　運動会や学習発表会などの学校行事はもちろん，学期の終わり，学級レクや授業研究などを振り返っても効果的です。

❷ 事前指導と併せるとさらに効果的

　事後指導は，事前指導と併せて取り組むと効果的です。事前指導と事後指導を学校行事にうまく取り入れ，子どもたちを成長させていきます。

POINT

- 学校行事で成長した成果を個人と学級で振り返る。
- 成長した成果を日常生活で活用できるように意識を高める。

無音整列

どうして，日本では集団行動を大切にしてきたのか？　それは，世界一の災害国だからです。いざというときに命を守る行動につながるのが『無音整列』です。

鈴木　優太

自分たちでできる整列

教師「皆さんの右側から１班→９班と班ごとに一列で並びます。班番号１・
　　　２・３・４の順です。無音整列，どうぞ」

　班内の座席に番号をつけたのが『４人班番号』（参照 p.144）です。

教師「次に，班番号２・３・４・１の順です」

　生活班の４人で活動し，先頭・中・最後尾のすべての動きを，短い時間で全員が経験できます。やり方を覚えたら，教師の指示なしでやってみます。

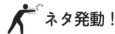
ネタ発動！

❶ 無音整列のやり方

１	先頭が掌をパーにして挙げたら「無音」で前へならえをします。
２	最後尾は整列ができたら OK のボディサインをします。
３	先頭が OK のボディサインに変えたら前から順に座ります。

❷ あらゆる並び方で取り組む

　校外学習班，リレーチーム，たてわりグループ，係……あらゆる並び方で『無音整列』に取り組みます。静かに，素早く，自分たちで整列できるから，行事も落ち着いて取り組めます。

　「無音」がポイントです。

　目で見て子どもたち自ら情報を掴み取る必要があるためです。周りをよく見て行動できると，主体性と他者意識が育まれていきます。音声情報の「前へーならえ！」ではこうはいきません。

POINT

- 整列の目的は命を守るためととらえる。
- 主体性と他者意識を育む『無音整列』で行事指導もバッチリにする。

１分前着席ぴったり号令

> 授業を充実させるために，授業時間をしっかりと確保することが大切です。また，時間を守ることは信頼にもつながります。学校教育を充実させ，信頼できる大人に成長させるために，時間の指導を大切にしています。

髙橋　朋彦

 ## 授業開始の時間は守れている？

授業の開始時間になりました。教師が，

「早く座りなさい！　授業が始まるよ」

と声掛けをしたのですが，子どもたちはなかなか座りません。授業時間を確保するために，開始時間を守れるようにしたいものです。

ネタ発動！

❶ １分前着席ぴったり号令

子どもたちが時間を守れるようにするために，

「１分前着席ぴったり号令」

と，合言葉をつくっています。合言葉は言いやすくて頭に残りやすいので，とても効果的です。

はじめは教師が，「１分前着席ぴったり号令だよ」と合言葉を使って呼び掛けます。その合言葉を子どもたちも使えるようにすることで，自分たちの力で授業の開始時間を守れるようになります。

　次のような手順で時間を守れるようにしています。

①合言葉を決めて子どもと共有する。

②教師が合言葉を使う。

③子どもに合言葉を使ってもらう。

　はじめは合言葉を使って呼び掛けをしますが，子どもたちが慣れてくると，「時間だよ」と合言葉を使わずとも呼び掛けて行動できるようになります。合言葉も大切ですが，子どもたちの中に自然と残る言葉も大切にしています。

❷ 教師も時間を守る

　子どもたちに呼び掛けるのだから，教師も時間を守ります。特に授業を終わらせる時間です。教師が授業が終わる時間をしっかりと守ることで，子どもたちは授業の開始時間を守ろうという意識が高まります。

POINT

- 合言葉を決めて呼び掛け合う。
- 教師も時間を守る。

2周聴き合い多数決

「話し合い」＝「聴き合い」です。「聴き合う」豊かな体験を積み重ねることで，問題解決できるコミュニティを子どもたち自身が育みます。悩みも，みんなでやってみたいことも，「気軽に」聴き合える集団が理想です。

鈴木 優太

車座で聴き合うことから……

　もっと「気軽に」学級のことを子どもたちと聴き合いましょう。思いや願いを車座で聴き合うだけで，何だかうまくいくことが結構あります。話し合って決めたアイデアには，大いなる力が宿ります。自分事になるからです。

ネタ発動！

❶ 多数決で OK

　「輪番で2周意見を聴き合ったら，多数決」

　まずは，このぐらいシンプルな「集団決定」でよいのです。やったことがないのがアウト。ともかくやってみてください。

　何に決めるか，どう決めるかよりも，「決めたことにどう取り組むか」がなすことによって学ぶ特別活動の本質だからです。

　子どもたちだけで話し合い活動を進められるようになってくると，多数決を用いない方がうまく着地しそうなタイミングや，物足りなさを感じてくるタイミングがやってきます。必ずやってきます。

　まずは，経験値が大切です。

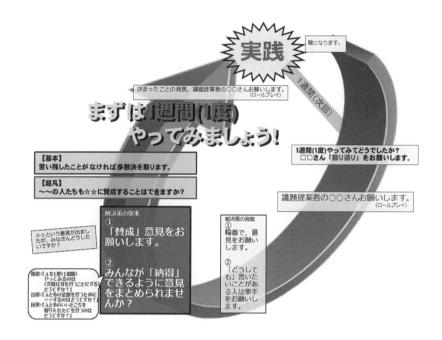

実践

軸になります。

まずは１週間(１度)
やってみましょう!

決まったことの発表，議題提案者の○○さんお願いします。
（ロールプレイ）

1週間(次回)

1週間(1度)やってみてどうでしたか?
□□さん「振り返り」をお願いします。

【基本】
言い残したことがなければ多数決を取ります。

【超凡】
〜〜の人たちも☆☆に賛成することはできますか?

議題提案者の○○さんお願いします。
（ロールプレイ）

解決策の収束
① 「賛成」意見をお願いします。
② みんなが「納得」できるように意見をまとめられませんか?

解決策の発散
① 輪番で，意見をお願いします。
② 「どうしても」言いたいことがある人は挙手をお願いします。

☆☆という意見が出ましたが，みなさんどうしたいですか?

提根:「Aを1度(1週間)やってみるのは（次回はBを行う)ことにすると）どうですか?」
合併:「AとBの全部を行うために☆☆にするのはどうですか?」
折衷:「AとBのいいところを取り入れてCを行うのはどうですか?」

❷ 決めたことをやってみる

　「まずは１週間（一度）やってみましょう！」

　決めたことをやってみることが大切です。やってみると，「楽しい！」「もっとこうしたい！」という前向きな思いをもつ子がほとんどです。話し合い活動と実践を積み重ねると，教室の規律が自分事になります。

【参考文献】
・諸富祥彦・森重裕二『１日15分で学級が変わる！クラス会議パーフェクトガイド』明治図書

POINT

- 意見を２周聴き合ったら多数決で，まずは OK とする。
- 決めたことを１週間（一度）やってみる。

時を守り，場を清め，礼を尽くせ

「原田メソッド」で知られる原田隆史先生は，子どもの力を伸ばすには態度教育が大切だと言われます。自らを律していける心と行動力があれば，将来自分で人生を切り拓いていけます。そのために教師は厳しくなるのです。

土作　彰

教育の基本中の基本

いわゆる「黄金の三日間」では，学習習慣を子どもたちに伝えることが大切です。特にその時期から，下記の３つをしっかり指導していけば，学級は大崩れしません。

「授業開始・終了の時間を守る」「教室や机上を綺麗に掃除・整頓する」「挨拶をしっかりする」の３つです。

逆に考えてみればいいのですが，時間を守り，学習の場が片づいて，挨拶がきっちりできるけど「崩壊」している学級って想像できますか？

この３つは教育の基本中の基本だと言えるでしょう。

ネタ発動！

❶ 時を守る

教師は，授業開始時間に必ずスタート位置にいましょう。そして，時間通りに授業をはじめます。遅れてきた子は基本的にスルーです。時間を守ってくれた子を最優先して授業を進めていきます。

ゲームやフラッシュカードなど，できるだけ子どもたちが楽しくテンポよ

く参加できるものをワイワイ楽しくやることで，「遅れたら損」ということを学習させます。

　また，授業の終了時間を守るのは教師の役目です。余程のことがない限り授業を延長してはなりません。「時間を守れ」と言ったのは教師です。率先垂範しましょう。

❷ 場を清める

　教師が掃除や整頓をすることも大切ですが，子どもが自分で気づいて場を清めるように指導することが大切です。例えば，授業の最初の1分間は「場を清める時間」とします。「場が整うと気持ちいいですね。さあ，はじめましょう」と言って授業に入っていきます。場を清めるルーティンができるまでは続けていきます。

❸ 礼を尽くす

　聞いて気持ちのいい挨拶をさせるだけです。しかし，これができている学級はほとんどありません。形式的にダラダラと小さい声で「今から1時間目の授業をはじめます。礼」などとやっていると，子どもたちは「挨拶ってこれでいいんだ」ということを学習してしまいます。そうして，学習活動すべてを通じてそのようないい加減なムードが支配するようになります。教師がもつイメージ以上に子どもは育ちません。

【参考文献】
・原田隆史『成功の教科書　熱血！原田塾のすべて』小学館

POINT

- 時間を守った子が得する授業展開を心掛ける。
- 場清めタイムを1分取る。
- 気持ちのいい挨拶のイメージをもち，それに近づけていく。

子どもに伝わる「事実言葉＋気持ち言葉」

子どもたちをほめて伸ばすと言われるのですが，子どもに伝わるようにほめることはなかなか難しいものです。「事実言葉＋気持ち言葉」でほめることで，子どもに伝わるほめ方になります。

髙橋　朋彦

先生にほめられたら嬉しい？

「先生にほめられても全然嬉しくありません」

子どもをほめて伸ばそうと思うのですが，子どもは全く嬉しそうにしてくれません。本当にいいと思ったから伝えているのに，どうしてでしょうか？

ネタ発動！

❶ 伝わるほめ方（事実言葉＋気持ち言葉）

「えらいじゃん」「よくやった！」「100点すごいじゃん」

これらのほめ言葉は，どうしても上から目線になってしまいます。それは，これらの言葉が相手を評価する言葉だからです。

また，

「挨拶したじゃん」「返事ができたね」

と，具体的に言ってもなんだか嬉しくありません。これは，事実だけを伝えているからです。

もちろん，これらの言葉が嬉しいと感じる場合もありますが，相手に喜んでもらえない場合もよくあります。

そこで，次のようなほめ方をしていきます。

①事実言葉でその子のした具体的な行動を伝える。

②気持ち言葉で教師の感情を伝える。

例えば，次のように伝えていきます。

「○○さんが一生懸命掃除してくれたおかげで廊下が綺麗になって気持ち
いいよ。ありがとう」

「△△君はいつも先生を助けてくれるね。とても嬉しいです。ありがとう」

❷ 心の底から思うことが大切

とはいえ，上部だけの言葉では伝わりません。心の底から嬉しいと思い，
感謝の言葉を添えることで，子どもに伝わるほめ言葉になります。

POINT

- 事実言葉でその子のした具体的な行動を伝える。
- 気持ち言葉で教師の感情を伝える。

究極のほめ言葉

ほめ言葉のプロフェッショナル・菊池省三先生の教室を2014年11月4日に参観しました。担任をされていた最後の学級で，菊池先生が最も多く口にされていた言葉が「すごいなぁ」だったのです。

鈴木　優太

衝撃の「すごいなぁ」

　正確な回数を数えていたわけではありませんが，私の体感では，菊池先生の発語の8割がこの5文字だったと感じられるほどの衝撃がありました。

ネタ発動！

❶ ほめ言葉さしすせそ

さ…さすが	し…しらなかったぁ	す…すごい
せ…センスいい	そ…そんなのはじめて	

❷ Ｉメッセージ

　YOU メッセージは瞬発力がありますが，上から目線の印象を与え，反発を招くことがあります。WE メッセージは効果的ですが，第3者の存在が必要です。Ｉメッセージは，個人的な感情や経験を素直に表現しているため，受け手は否定できません。つまり，Ｉメッセージが最もほめ言葉向きです。

YOU メッセージ…主語が「あなた」

　　例：あなたは，すごいですね。

WE メッセージ……主語が「私たち」

　　例：校長先生も，あなたはすごいと言っていました。

Ｉメッセージ………主語が「私」

　　例：私は，すごいと思うなぁ。

❸ 「すごいなぁ」が究極

　「すごいなぁ」は，ほめ言葉さしすせその「すごい」をＩメッセージで発した「私は，すごいと思うなぁ」の省略形だったのです。子どもはほめられるよりも驚かれることを喜びます。ほめ言葉のスキルが詰め込まれた究極の５文字です。翌日から私の口癖になりました。驚愕の効果です。しかし，あの日目の当たりにした子どもたちと菊池先生との関係性の中で発されていた「すごいなぁ」にはかないません。私なりの究極を探し続けます。

ほめ言葉さしすせそ ＋ Ｉメッセージ

「すごいなぁ」

POINT

- 究極のほめ言葉「すごいなぁ」（ほめ言葉さしすせそ＋Ｉメッセージ）を用いる。

ハガキで陰ほめ

> 学校生活では，叱ったりほめたりしなければならない状況は必ず生じます。ですから，そういう状況になる以前にどれだけ子どもたちに承認を与えて人間関係を構築しているかが大切です。

土作 彰

年度はじめにはまず人間関係の構築が肝要

　会ったばかりの人にむげにほめられたり，叱られたりしても心には刺さりませんよね。それは，まだ相手と人間関係が構築されていないからです。

　人は出会ってからはお互いの言動を承認し合って関係を築いていきます。その最たるものは挨拶です。そして，会話であったり，メールであったり，お手紙であったりするのです。

　そうやって「この人は自分のことを見ていてくれるんだなあ」と思ってもらえる状態が「承認」です。その中でもハガキによる承認は効果絶大です。

ネタ発動！

❶ 1日に1～2名の「ターゲット」を決める

　クラスの人数にもよりますが，1日に1～2名の子の望ましい言動を追っていきます。そして，どんなことでもいいので「これは！」と思ったことを書き留めておき，その日中にハガキにしたためてポストに投函しましょう。

　やることはこれだけです。1日のルーティンワークにするとよいでしょう。

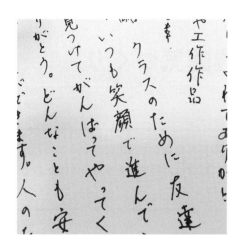

❷ 子どもと保護者とつながれる

　1か月に1枚とすると年間で12枚のハガキが子どもの家に届くことになります。子どもは，家に帰るとお家の人から「あなた頑張ってるのね！」と間接的にほめてもらえるという，いわゆる「陰ほめ」で，子ども本人とも保護者とも強固な人間関係を構築できます。通知表の所見欄が減っている昨今，このような「所見」はとても喜んでもらえます。子どもたちとの関係性がよくなることは勿論ですが，保護者も担任教師に信頼を寄せてくれます。

　そして，学校で子どものトラブルが生じたときも，冷静に落ち着いて協力してくれます。日頃から我が子のいいことを認めてくれる先生には，協力しよう！と思ってもらえるのですね。

＊深澤久先生の実践を参考にしています。

POINT

- 1日に1〜2名のターゲットを決めてほめる。
- ハガキにしたためたら，その日中に投函する。

叱られる雰囲気づくり

子どもを叱っても，叱られることから自分を守るために，きちんと聞こうとしない場合があります。相手に大切なことがきちんと伝わるよう，叱られる雰囲気づくりをすることが大切です。

高橋　朋彦

叱るのは伝えたいから……

学級経営をしていると，どうしても子どもを叱らなければならないときがあります。学級全体を叱らなければならなくなったので叱ったのですが，うまく伝わりません。

結果，大切なことは伝わらずに学級が嫌な雰囲気になるだけになってしまいました。

ネタ発動！

❶ 叱られる雰囲気づくり

そこで私は，どうしても叱らなければならなくなったとき，学級の叱られる雰囲気づくりをしています。

叱られる雰囲気というのは，真剣に話を聞く雰囲気のことを言います。

子どもたちが叱られるときに真剣に話を聞くことで，こちらの伝えたいことがしっかりと伝わります。

今から，大切な話をします。

　私は，次のように話をして叱られる雰囲気をつくります。

① 「今から大切な話をします」

② 「これは，皆さんにとっては耳の痛い話かもしれません」

③ 「真剣に話すので真剣に聞きましょう」

④ 「話す前に，机を片づけましょう。先生も片づけます」

⑤ 「目と耳と心で聞いてください」

❷ 叱り方も大切にする

　子どもの叱られ方も大切ですが，教師が伝わる叱り方をすることも大切です。大きな声を出すだけでなく，大切なことが子どもたちに真剣に伝わるようにします。

POINT

・子どもの叱られる雰囲気をつくる。

・教師は伝えたいことが伝わるように真剣に伝える。

写真で「D or A」

写真でよいイメージを共有する方が，言葉で叱る数倍も教育的効果が上がることがあります。D（最低）とA（最高）の状態を写真で比較するのです。同じアングルで撮影しましょう。

鈴木　優太

D（最低）とA（最高）を写真で比較

　例えば，教室に保管している探検バッグです。写真を2枚撮影します。

　1枚目は，D（最低）の状態です。ひもが足に引っ掛かる可能性があり，とても危険な探検バッグです。「脱・ひもぷら作戦」（参照 p.40）を話し合ったにもかかわらず，「ひもぷら」状態になってしまっています。

　2枚目は，A（最高）の状態です。一人一人が探検バッグの中にひもを入れ，向きも揃えて保管しています。安全で見た目も美しいです。

ネタ発動！

❶ D→Aの順に提示する

教師「皆さんは，どちらが心地よいですか？」

　はじめに，Dの状態の写真を提示します。次に，Aの状態の写真を提示します。

　教師がAに整えた写真でも構いません。ほとんどの子どもがAを選択するでしょう（Dを選ぶ子どもの本心は翻訳して解釈する必要があります）。

教師「私も皆さんと同じです。では，Aをやっていきましょう」

❷ Aの心地よさを体感する

　Aの写真の姿に向かって即行動です。実際に一人一人が探検バッグの中に
ひも入れ，向きも揃えて保管し直します。Aに誘導する側面が否めない手法
です。だからこそ，子どもたち自身が心地よさを「実感」できる「体験」と
セットで行うことが重要です。言葉だけでは子どもたちは変わりません。

教師「やってみてどうですか？」

　心地よい状態を改めて写真に撮影し，掲示します。継続が大切です。

POINT

- 写真はD→Aの順に提示する。
- Aの心地よさを体感し，改めて写真をパチリ。掲示して継続を促す。

部分を否定してフォロー

教師は指導として子どもを叱らなければなりませんが，その子の人格を否定してしまってはいけません。あくまでその子のやった行為のみを否定すべきです。そして，叱った後は必ずフォローをしましょう。

土作　彰

怒りは誰のためか？

　トラブルは本当に面倒くさいものです。ましてやケガや物の損壊が絡むと，かなりもつれることが多いです。ですから，そのような事態になったときの教師の気持ちは，「忙しいときに何をしているのか？」という怒りが先に立ちがちです。そのまま子どもに対峙すると勢いで子どもを感情的に叱責してしまい，「お前はなんてダメなやつなんだ！」と人格を否定した結果，関係を崩すということがままあります。

ネタ発動！

❶ 行為を否定する

　事情を一通り聞いたら一体何が悪かったのかを諭すことが大切です。

　例えば，「相手に腹を立ててしまって怒ることはわかるけど，相手を傷つける言葉を使ったのがいけないね。だからそこを謝るんだよ」とか「あなたの言い分はよくわかるけど，手を出してしまったのはいけないね」といった感じにです。

❷ フォローを忘れない

　これはもう常識ではありますが，叱りっぱなしではなく，必ずフォローをすることが大切です。それは，基本的に子どもへの「感謝」に立脚することになります。例えば，「私の話を聞き入れてくれてありがとう」「自分から謝ってくれてありがとう」「さっと水に流して心を切り替えてケンカの相手と仲直りしてくれてありがとう」といった感じにです。すると，叱った後のその子の言動のよいところが目につくようになりますから，そこをすかさず評価します。

【参考文献】
・原田隆史『成功の教科書　熱血！原田塾のすべて』小学館

POINT

- 人格否定はダメ！行為を否定する。
- 叱った後は感謝の気持ちをもってフォローする。

友達同士のサンキュータイム

学校では，教師からほめられることはあっても友達からほめられることはなかなかありません。子どもの自己肯定感を高めたり，友達同士の関係をよくしたりするためにも友達同士でほめる機会を意図的につくります。

髙橋　朋彦

教師と子どもの関係ができたら……

教師のサンキュータイムで，子どもをほめる機会をつくることができてきました。教師と子どもの関係はよくなったものの，友達同士の関係はよくなったとはまだまだ言えません。

そんなとき，友達同士のサンキュータイムに取り組んでみてはいかがでしょうか？

ネタ発動！

❶ 友達同士のサンキュータイム！

教師が行っていたサンキュータイムがあります。それを子ども同士でも行っていきます。

私は，教師が行っていたサンキュータイムで使った一筆箋は文章量が多いので，一筆箋ではなく次頁のようなカードを使っています。

すきま時間にカードを書いてもらい，帰りの会でカードを読みながら渡していきます。

算数の時間に進んで発表していて，かっこよかったです。

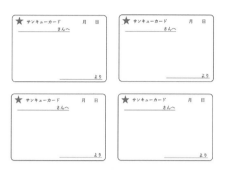

【友達同士のサンキュータイムの取り組み方】

①カードを作る（A4ケント紙に印刷し，カットして使う）。

②すきま時間にカードを書いてもらう。

③帰りの会に日直に渡す。

❷ 渡す人を指定する

　毎日全員がカードを渡してもいいのですが，なかなか時間を確保できないことがあります。そんなときは，学級の実態に応じて人数を半分や３分の１などに分けてカードを渡すようにします。自由にカードを書かせると書かない子が出てくるので，今日は１〜10番，明日は11〜20番というように，出席番号ごとに書く順番を決めています。

POINT

- サンキューカードを書く。
- 帰りの会で渡す。

学級目標人間コピー

学級目標は，子どもたちと「育てていくもの」です。誰も意識しない飾り物にしていてはもったいないです。

鈴木　優太

楽しい体験の真っただ中にマインドは形づくられる

グループで協力する活動を通して，一人一人のよさに気づくアクティビティが『人間コピー』です。楽しいアクティビティの中に学級目標を忍ばせましょう。

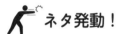 ネタ発動！

❶ 準備

はじめに右のような振り返りカードを配付します。活動後に記入することを確認し，見通しを共有します。

お題の絵は廊下に貼ります。

教師が作成してもよし，子どもが描いたものでもよしです（ネタバレ防止のため，作成から実施まで期間を空けると〇）。

人間コピー　ふり返りカード

名前：

1　自分も入れたグループ全員の名前を書きましょう。

いい意見を出してくれた人は？	
みんなの意見をまとめてくれた人は？	
よく絵を見てきてくれた人は？	
順番をゆずってくれた人は？	

2　全員の意見を聴き合いましょう。

3　グループ全員で話し合って決めましょう。

いい意見を出してくれた人は？	
みんなの意見をまとめてくれた人は？	
よく絵を見てきてくれた人は？	
順番をゆずってくれた人は？	

4　ふり返りを書きましょう。

❷ 学級目標人間コピーのルール

1	絵を４人で協力して12分間でそっくりに描く。
2	絵を見に行く人は班で１人ずつ。
3	手ぶらで何回も見に行っていい。

　人間関係を構築するアクティビティの中に学級目標のデザインを盛り込むことで，学級目標に込めた願いが具現化します。

❸ 振り返る

　描きあげた作品を黒板に貼り出します。絵のできあがりの正確さよりも，協力とは一体どういうことかを共有することが大切です。活動前に配付していた振り返りシートに，自分も含めて１人ずつ名前が入るように書きます。

チームビルディングで取り組むのが定石ですが，上の写真は学級じまいで行ったときの様子です。よき別れにもぴったりです。

【参考文献】

・坂野公信・横浜市学校GWT研究会『学校グループワーク・トレーニング』遊戯社

POINT

・『学級目標人間コピー』で，願いごとを具現化する。

日々の授業の認め合い

> よい関係の構築は日本中の教師の願いです。そのためには，たまの関係づくりのワークより，日々の授業で毎日の認め合いこそが大切です。

土作　彰

人間関係が構築されていない瞬間はない！

　教室は人間関係の坩堝です。朝登校してから帰るまでの間，そこに人間関係が構築されない瞬間はありません。特に授業は，教師が意図的・計画的に行う営為です。そこに人間関係を紡ぐことを意識しないなんてもったいないことですね。

　では，何をすればいいのでしょうか？　それは授業中に「友達がいてくれてよかった！」と思えるシチュエーションをつくることです。

　そして，それを年間を通じて意識させ続けていくことです。

ネタ発動！

❶ 話の聞き方

　友達が意見を発表しているときにその他の子はどのような状態にあるでしょうか？　しっかりとその友達の方を向いて反応しながら「あなたの意見を大切に聞いてますよ」という非言語メッセージを送り続けているでしょうか？　多くの学級を参観することがありますが，ここをおろそかにしているケースが圧倒的に多いです。「友達が発言しているときは，どのようにして

聞けばいいですか？」とまずは聞いてみます。すると，何も教えなくても
「話し手の方をしっかり向く」「頷くなどの反応をする」などの意見が出る
ことでしょう。それらを画用紙などに書いて掲示しておくといいでしょう。

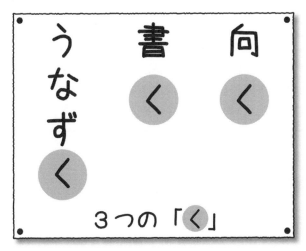

❷ 「できてない！」と思ったら掲示物で振り返る

　習慣化するまでは，一度決めたことでも人は忘れてしまうものです。掲示
物を貼ったら，それから１か月は，毎日繰り返し「友達のことを意識して大
切にしているか？」を確認していきます。このようなことができていなくて
は，友達関係をよりよく構築することは難しいでしょう。当たり前のことを
当たり前にさせる。いわゆる凡事徹底ですね。

POINT

- 発言する友達の方をしっかり向く。
- それを毎日徹底する。

教師が語る「子どもの頃の失敗談」

子どもは失敗することや苦手なことがいけないものだと思っています。しかし，成長するためには失敗にも苦手なことにも向き合わなければなりません。教師が失敗談を語ることで，失敗と向き合えるようにしていきます。

髙橋　朋彦

子どもが失敗して落ち込んでいたら……

　学校生活をしていると，子どもは様々な失敗をします。子どもは，（失敗はいけないものだ）と思っているので，失敗すると落ち込んでしまいます。そんな子どもに対して，

「失敗してもいいんだよ」

と言っても，なかなか受け入れることができません。

ネタ発動！

❶ 教師の子どもの頃の失敗談を語る

　私は子どもの頃，「大人は失敗なんてしないもの」と考えていました。多くの場合，学級の子も同じように感じているようです。

　ですので，教師がいくら「失敗してもいいんだよ」と伝えても，失敗をしないと思っている大人から伝えられても効果がありません。

　そこで，教師が失敗談を語ります。大人になってからの失敗談もいいですが，教師の子どもの頃の失敗談は子どもに共感してもらいやすいようです。

　失敗談は，次のように語っています。

　「先生にもね，みんなと同じように子どもの頃があったんだよ。先生は子どもの頃，女子と話すことがとても苦手だったんだ。だって，女子と話していると『好きなんだぁ』って冷やかされると思っていたからなんだ。でもね，女子と話ができないと，協力しなきゃいけないときに協力できなくてとても困ったんだよね。だから，みんなには男女問わず関われるようになってほしいと思っているよ」

❷ いろんな場面で使えます！
　失敗談はいろいろな場面で使えます。
- 事前指導での失敗の予防
- 子ども同士のトラブル
- 頑張ってほしい場面での勇気づけ　　　　　　　　　など
　教師の失敗談は，子どもに勇気を与えられると感じます。

POINT

- 教師が子どもの頃の失敗談を語り，子どもに共感してもらう。

紙芝居舞台

子どもたちは教師の声が大好きです。読み聞かせは，教師と子どもの関係構築に絶大な効果があります。

鈴木　優太

 ## 聴衆を引き込む力

　絵本の読み聞かせだけでなく，紙芝居の読み聞かせがとってもいいです。紙芝居は名作揃い。紙芝居を読み聞かせすることは，読み手の教師にとっても豊かな成長の機会になります。

　リズムや緊張感をコントロールする方法を体得し，聴衆を引き込む力が向上します。

ネタ発動！

❶ 舞台を借りよう

　『紙芝居舞台』は学校の図書室や地域の図書館で借りられます。紙芝居の本気の実力を引き出す不易の道具です。

　ワクワク感と集中力が高まるため，子どもたちの聴く力が育まれます。

『くもくも　もくもく』脚本・絵　堀川真（童心社）

❷ 教師の語りの力が向上

　『紙芝居舞台』を使うことで絵が引き立ち，画面が大きく見えます。声と連動して絵を少しずつ見せていくなどの紙芝居ならではの演出を体得しましょう。視覚的な要素と参加型の要素が組み合わさっている紙芝居の旨味を子どもたちと存分に味わいましょう。楽しい紙芝居を読んでいるだけなのに，みるみる教師の語りの力が磨かれていきます。

POINT

- 紙芝居を読むだけで，教師の語りの力が磨かれる。
- まずは，『紙芝居舞台』を借りる。

「見ているよ！」承認の連続

教師は新学期から常に意識をして，子どもたちとよい人間関係を構築するために，「私はあなたのことを見ているよ！」というメッセージをあらゆる手段で送り続けなくてはなりません。

土作 彰

すべての子どもたちに承認を

よい人間関係はプレゼントの受け渡しで決まります。つまり，「私はあなたのことを見ているよ！」というメッセージをいかに贈り続けたかで決まります。そして，そのチャンスは毎日あらゆるところに存在しているのです。今，目の前にいるすべての子にどのくらい承認を与えていますか？

どんな些細なことからでもプレゼントを贈ることは可能です。そのつもりで日々の一分一秒を大切にしましょう。

ネタ発動！

❶ ストロークを打つ！

ストロークは「心の栄養」とも言います。相手に対して喜んでもらえる心地のよい働き掛けのことを言います。

例えば，気持ちのよい挨拶や握手，ハイタッチなどです。それに加えて，スマイルや優しい言葉掛け，拍手なども有効なストロークになります。朝，子どもたちに会うときには，ストロークを意識しましょう。

みなさんは，どんな朝一番の出会いを演出しますか？

①声で1つ
おはよう!

②両目で見つめて2つ

③両手ハイタッチ2つ

合計5つのストローク

❷ 1日100回のありがとうを!

　子どもたちが何かクラスのために動いてくれたら，すかさずに「ありがとう」と伝えましょう。たとえそれが当番などの「当たり前」の仕事であってもです。実は子どもたちがクラスのためにきっちり責任を果たしてくれることって本当にありがたいことのはずです。クラスに確かな秩序を生み出してくれているからです。

　教師がどんな些細なことでも「見ているよ!」というメッセージを贈ることを心掛けましょう。

POINT

・些細なことでも「あなたを見ているよ!」というメッセージ=ストロークを贈る。

第2章

授業づくり
ネタ

発表マーク

> 机間指導をし，学習内容が深まる意見を取り上げて発表してもらいます。しかし，授業の中で発表する子を覚えておくことは難しいものです。発表マークを使えば，忘れずに指名することができます。

高橋　朋彦

机間指導しながら発表してもらう子を考えて……

　道徳で「挨拶」をしてもらったときにどんなことを感じたかノートに書いてもらいました。机間指導をしていると，発表してもらいたい子が何人かいます。発表してもらいたい子には全員発表してもらいたいのですが，ついうっかり忘れてしまいそうです。

ネタ発動！

❶ 発表マーク

　そこでネタ発動！
　「発表マーク」
　発表してもらいたい子のところに行き，発表マークを置きます。発表してもらうときに，
　「発表マークをもらった人は立ちましょう」
と言うことで，発表してもらいたい子すべてに発表してもらうことができます。

発表お願いね！

【発表マークの使い方】

①ボール紙でマークを作る（応援メッセージを書くと効果 UP！）。

②机間指導中，発表してもらいたい子の机に発表マークを置く。

③発表マークをもらった子に立って発表してもらう。

❷ 子どものやる気にもつながる！

　発表マークは，教師にとって役に立つものですが，子どものやる気を引き出すことにも大活躍します。発表マークをもらった子は，とてもやる気が出るようです。しかし，中には発表が不安な子もいます。そんな子には，発表マークを渡すとき，「素敵な意見だから発表してもらってもいい？」と尋ねたり，「先生と１回発表の練習してみようか」と，子どもに声を掛けてから渡すことがオススメです。

POINT

- 机間指導をする。
- 発表してもらいたい子に発表マークを渡す。

肩を指で突く

作業指示を出したままにしていては，子どもは力を伸ばすことはできません。手を抜くこと（社会的手抜き）が蔓延するからです。必ず何らかの「個別評価」を行う必要があります。

土作　彰

誰を指名するかの目星をどうつけるか？

授業を構成するときに発問の後で誰を指名するかは大きな問題となります。発言した内容にこだわらず，ただただ多くの意見を出し合って共有したいときには列指名や全員起立→発表という形式がありますが，対立させてその後に討論させたい場合には，教師があらかじめ子どもたちの意見に「目星」をつけておくといいでしょう。また，子どもたちにぜひ真似してほしい言動があった場合にも，スムーズに指名して指導を展開していく方法があるといいでしょう。

ネタ発動！

❶ 机間巡視しながら，肩を指で突く

机間巡視の目的の一つにその後の指名計画を立てるということがあります。教師は発問を出してノート作業をさせている間に机間巡視をして，「これは！」と思う意見を見つけたら肩を突きます。

そして，時間がきたら，「今先生に肩を突かれた人は立ちます」と指示を出します。その後発表させて「どちらの意見が正しいと思いますか？」と発

問を続けます。そうすることで授業中の無駄な時間を削り，余裕をもって授業を展開することができます。

❷ ほめたい言動を紹介したいときに

　全校朝礼などのとき，姿勢よく人の話を聞いている子がいたとします。教師としてはこの姿を他の子どもたちに知ってほしいと願うときがあるでしょう。そのようなときには子どもたちの横を通りながら姿勢のよい子の肩を突いていきます。教室に帰って次のように言います。

　「今日，朝礼のときに先生に肩を突かれた人は立ちなさい」と言うと，子どもたちは「何事？」という目で注視するはずです。そこで，「立っている人たちは今からほめられると思いますか？　叱られると思いますか？」と聞きます。本人の中には気づいていない子もいるでしょう。そこで，「この人たちは今日の朝礼でとても立派な姿勢でした！　素晴らしい！」と言ってほめるのです。次回の朝礼から，子どもたちの姿勢は変わってくるはずです。

＊肩を突くネタは，野口芳宏先生の実践を参考にしています。

POINT

- 対立させたい意見を書いた子の肩を突いて指名計画を立てる。
- 立派な言動を取った子の肩を突いて後でほめる。

出席番号リレー

> 授業中の『出席番号リレー』を，朝の会の『健康観察リレー』と帰りの会の『振り返りリレー』（参照 p.14）で挟み込みながら毎日積み重ねます。全員発表が当たり前になると，子どもたち主体の授業に変わります。

鈴木　優太

手を挙げる一部の子で授業が進むのは×

　挙手指名発表をやめましょう。授業が変わります。子どもたちが変わります。手を挙げる一部の子どもと教師だけで進む授業に陥りがちだからです。『出席番号リレー』をはじめとした『○○リレー』で，全員が発言する機会を積み重ねます。

　導入期は，『○○リレー』の直前に『ペアトーク』で聴き合う時間を設けます。友達に聴いてもらうことで，全体で話す敷居がぐっと低くなります。

ネタ発動！

❶ 出席番号リレー

　子どもたちは1人一つ，テンポよく，全員が，次々と発表します。『振り返りリレー』（参照 p.14）と全く同じやり方で，子どもたちが呼名して進めます。「パスします」も OK です。

　パスした子は末尾の子の後にリトライできます。友達の発言を一通り聴いた後なので，真似をして言えるようになっていきます。2回目もパスをしてかまいません。

❷ 誰でも発表

　慣れてきたら『席順リレー』です。スタート地点や縦・横の進み方を変えると，発表順が変化します。様々な級友の名前を呼び合う機会にもなります。

　『列リレー』は，いわゆる列指名です。

教師「（列リレー直後）まだ出ていない意見はありますか？」

　挙手指名発表は，このように「ここぞ！」というときだけに限定します。

　くじ引き装置を常設し，『ランダム指名』できるようにします。心地よい緊張感と誰でも発表する環境の中で，子どもたちの表現力は磨かれます。

POINT

- 挙手指名発表は，やめる。
- 『○○リレー』の直前に『ペアトーク』をセットで積み重ねることで，発言の質が充実する。

活動カード

学校生活を送るうえで，教師が指示を出す場面はたくさんあります。しかし，子どもに伝わるように指示を出すことは難しいものです。そんなとき，活動カードを使って黒板に整理し，指示を出してみてはいかがでしょう？

髙橋　朋彦

 ## 次は何をしたらよいか質問が出たら……

　算数の時間のことです。問題を解き，考えをノートに書いてもらい，隣同士のペアで発表の練習をしてもらった後に，発表してもらおうと思っています。しかし，一度の指示が多すぎて，子どもたちは聞き取れず，「次は何をすればいいんですか？」と，何度も教師に聞いてきます。

ネタ発動！

❶ 活動カード

　そこで，活動カードを使います。活動カードはボール紙に「活動①」「活動②」……と書かれたカードです。指示をするときに，

活動①問題を解く

活動②考えを書く

活動③となり同士で練習

活動④発表

などと，カードを使いながら黒板に活動を時系列通りに箇条書きします。

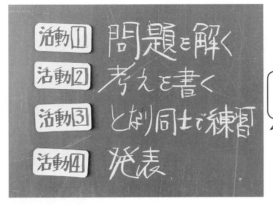

黒板を見ながら
活動しましょう！

【活動カードの使い方】

①ボール紙でカードを作る。

②カードを使いながら指示をする。

③書かれた指示を見ながら活動するように声掛けをする。

❷ 教師の指示もわかりやすくなる

　教師の指示でわかりづらいものは，

　「長い」「数が多い」「時系列通りではない」

が原因だと感じています。活動カードを使うことで，時系列通りに箇条書き

できるので，子どもにとってわかりやすい指示を出すことができるようにな

ります。また，黒板に書かれた指示はいつでも振り返ることができるので，

子どもに「次は何ですか？」と質問されることも大幅に減ります。

POINT

・活動カードを作る。

・活動カードを使いながら指示を出す。

実物提示

> 指示や説明は「実物」を提示しながら……が最もわかりやすいものです。最強万能ギア『マグネットクリップ』と『曲板』で,「実物」を黒板や掲示板に貼り出します。
>
> 鈴木　優太

 ## 百聞は一見に如かず

　言葉だけの説明では理解が難しい子も,「実物」が貼り出されると顔が上がります。学習の定着や忘れ物予防にも効果抜群です。

ネタ発動！

❶ マグネットクリップ

　『マグネットクリップ』は,挟んだ「実物」を磁石がつく場所に貼り出すことができます。プリントやノートなどの紙類はもちろん,図工や生活科で使う材料や牛乳パックのたたみ方など,厚みのあるものも貼り出せます。「一目瞭然」なので,指示や説明を減らせます。事前の準備も不要！目の前の「実物」を挟んで貼れば,タイムリーな指示や説明ができます。

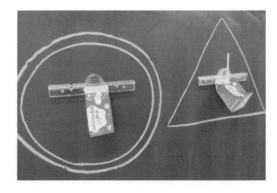

❷ 曲板（まげいた）

『曲板』は等間隔に穴の開いた鉄製のプレートです。穴の部分に画鋲を刺して壁に固定すると，磁石がつく掲示板になります。黒板に貼った「実物」を『曲板掲示板』にスライドするだけで，知的掲示物に早変わりです。再び黒板に貼り出す際も『マグネットクリップ』に挟んだまま。取り外しや移動，レイアウト変更が自由自在です。画鋲を使わないため，子どもたちの手で掲示物を貼り替えることも安全にできるので，掲示板が滞りません。

POINT

- 実物を貼って「一目瞭然」，指示や説明を減らす。
- 『マグネットクリップ』と『曲板』は100円ショップで手に入る。

的確に！そして確認せよ！

> 教師は指示を出すときに心しておかねばならないことがあります。それは教師が出した指示は，かなりの人数の子には「伝わってない」ということです。少なくともそのつもりでいた方がよいということです。
>
> 土作　彰

指示通り子どもは動いているか？

　「タブレットを机の中にしまいなさい」という指示を出すことがあります。このとき，すぐに次の指導場面へ移ってはなりません。まずは，何人の子がまだタブレットをしまっていないか確認する必要があります。

　ここをおろそかにすると，「教師が出した指示は別に聞かなくてもいいのだ」ということをクラス全員に教えたことになるのです。クラスの秩序の崩壊はこのようなところから始まります。

ネタ発動！

● 全員が指示を聞かないのに次へはいかない！

　タブレットは子どもにとってなかなか魅力的な機器ですから，まずは作業を中断させるだけでも一仕事だと心得ましょう。

　タブレットをしまわせたいときは，まず「作業をやめなさい」という指示から入ります。それでも子どもたちはなかなかやめないものです。「まだ7人います。5人。3人。あと1人！　名前を呼びましょうか？　はい，ありがとう。全員作業をやめましたね。では『机の中にしまいましょう』」ここ

は「早い子は姿勢を正しましょう」という指示を入れながら，切り替えの早い子をほめていきます。そうして９割方がしまったら，ようやく次の指導場面へ移ります。

　このくらいまで徹底することで「先生はごまかせない」と子どもに伝えることになるのです。

POINT

・出した指示に全員が従うまで確認する。
・それがクラス内の秩序を維持することになると心得る。

昨日とどこが違う？

授業を一つ一つの点としてとらえるのではなく，前時・前単元・前学年など，線としてとらえます。子どもにつながりをもたせながら授業をすることで，学習の理解が深まっていきます。

高橋　朋彦

 ## 昨日の学習とつながりを感じさせたいとき

　４年生の算数の授業です。前時までは（３桁）÷（２桁）の学習をしていました。本時は（４桁）÷（２桁）の学習に取り組みます。

　割られる数が大きくなり，問題を見た瞬間に一瞬手が止まってしまいました。しかし，昨日までと計算の仕方は変わりありません。つながりさえわかってしまえば，本日の学習も昨日と同じように解決できます。

ネタ発動！

❶ 昨日とどこが違う？

　そこで，このネタを発動！　次のようなやり取りを子どもとしました。

教師「昨日とどこが違う？」

A児「（４桁）÷（２桁）になっている！」

教師「どうしたらできるんだろう？」

B児「昨日までと同じ方法でできる！」

　昨日の学習とのつながりを意識しながら学習を進められました。

　次のようにつながりを共有します。

①復習をする（学習のポイントを黒板の端に書く）。

②本時の素材を提示する。

③「昨日とどこが違う？」と問い掛け，前時までとの違いを明確にする。

④「どうやったらできる？」と問い掛け，本時の学習の解決の見通しをもつ。

❷ 子どもから言葉を引き出す

　前時までとの違いを明確にするためには，教師が言ってしまえば早いです。しかし，それでは学習が子どものものにならず，理解しないままに学習が進んでしまいます。「昨日とどこが違う？」と問い掛けて子どもが発言することで，学習を子どものものにしていきます。

POINT

・前時までとの違いを明確にする。

・本時の学習の解決の見通しをもつ。

先出し単元計画

> 見通しがもてることで驚くほど力を発揮できる子がいます。反対に，見通しをもてないために力を発揮できずにぼーっとしてしまっている子もいるのです。教師も同じです。授業のゴールは明確でなければいけません。

鈴木　優太

 ## どうなったら◎？

　授業の45分間で「どうなったら◎か？」を子どもたちが理解していると，授業への前のめり度がアップします。単元の各時間のゴールを，事前に一覧表で共有しておくのが『先出し単元計画』です。Google スプレッドシートで作成すると，クラウド上で子どもたちと共有することも可能です。

ネタ発動！

❶ ゴールをブラックボックス化しない

　指導書の計画の文末「〜しよう」を「〜できる」に変えます。

　しかし，「考えることができる」というゴールは，子ども自身の自己評価も教師の評価も難しいものです。「説明できる」というアウトプット型にし，実際にペアで説明する授業のゴールがオススメです。『後出しブラックボックス型授業』よりも『先出しスケルトンボックス型授業』の方が落ち着いて学習できる子が圧倒的に多いです。終末は，◎，○，▲の３段階の自己評価を挙手し，『単元計画』に書きます。わずか数秒間のシンプルな振り返りなので毎時間継続できます。

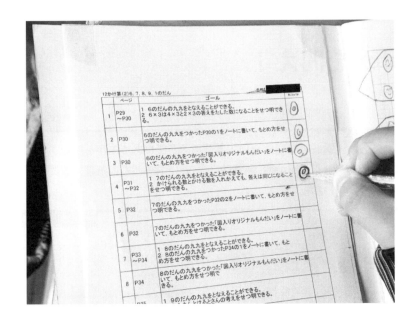

❷ フライング大歓迎

単元計画は，A5サイズに印刷したものを配付し，ノートの表紙の裏側に貼ります。上部をテープで貼ると前単元もめくって見返せます。開きやすく剥がれにくい場所です。

また，拡大印刷して教室に『マグネットクリップ』（参照 p.90）で掲示し，授業では黒板に移動して使用します。『先出し週予定』（参照 p.32）は，『先出し単元計画』の各教科の1時間ごとのゴールをコピペして作成します。

学習のフライングは大歓迎です。初速が変わるため，授業が変わります。

POINT

- 指導書の文末「～しよう」を「～できる」に変えて作成する。
- 子どもも教師も見通しをもてると授業が安定する。

なぜかを問え！

いわゆる教科・領域の時間において学習指導要領にある内容を指導することを狭義の「授業」とし，その他「授業外」において子どもに指導することもまた広義の「授業」ととらえます。

土作　彰

 ## 心のコップを上向きにする授業

　最近は狭義の「授業」だけをどうするかという議論ばかりなされていますが，それだけではよき学級経営の実現は無理でしょう。例えば，子どもたちが発言する友達の方を見ないとか，字が汚いとか，話す声が小さいなどの状況があったとします。このままでは指導の効果は上がりません。それらの状況を許さず，心のコップを上向きにする広義の「授業」を行うという視点で「発問」を考えることが大切です。

ネタ発動！

●「なぜ」と問う

　子どもたちが望ましくない言動をとったときにはすべての活動をやめさせます。例えば，他教室への移動時。ダラダラしゃべりながら移動したとします。そのときには「もう一度席に戻りなさい」と指示し，全員が席に着いたら次のように問います。「今，私が席に戻らせたのはなぜか？」このように問うと子どもたちから「ダラダラ動いていた」などの答えが出されます。これを教師が先走って「ダラダラ動いてはダメ！」などと答えを言った挙句説

教に入るのは最悪のパターンです。

　教師が言いたいことは子どもに言わせる。そうすることで子どもは自分たちがさらした無様な姿に目を向けざるを得なくなるのです。

　考えてみれば，発問とは教師は知っている答えを子どもたちに出させるときに発するものです。これは普段の生活指導でも全く同じです。

＊深澤久先生の実践を参考にしています。

POINT

・子どもの望ましくない言動を正すときには，言動をやめさせて「なぜ?」と問う。
・教師が言いたいことを子どもに言わせる。

板書レイアウト

> 授業をしていてなかなかうまくいかないのが「板書」。考えがわかりやすい板書を書くことは難しいものです。また，時々うまくいくこともありますが，それを再現することはなかなかできません。

髙橋　朋彦

今日の板書は成功した！と思ったとき

ある日，算数の授業の板書がうまくいった日がありました。うまくいったので，写真を撮って分析をすると，左側が学習素材と見通し，真ん中が授業の内容や話し合いをまとめたもの，右側が話し合い後の適用問題とまとめになっていました。

ネタ発動！

❶ 板書レイアウト

この板書をいつでも再現できるようにするためにネタ発動！

「板書レイアウト！」

写真をもとに，板書の配置を分析し，いつでもその書き方で書けるように，黒板の枠にシールを貼りました。その配置をもとにして，どこにどのように板書したらよいか考え，教材研究をします。

このシールを目印に板書することで，うまくいった板書を再現しやすくなりました。

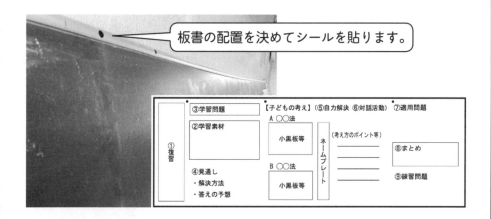

板書の配置を決めてシールを貼ります。

①復習	③学習問題	【子どもの考え】（⑤自力解決 ⑥対話活動）・⑦適用問題		⑧まとめ
	②学習素材	A ○○法 小黒板等	ネームプレート （考え方のポイント等）	⑨練習問題
	④見通し ・解決方法 ・答えの予想	B ○○法 小黒板等		

　具体的には次のようにして，黒板の枠にシールを貼って活用します。

①うまくいった授業の板書の写真を撮る。

②うまくいった理由を考える。

③理由をもとに，板書する内容の配置を決める。

④配置が決まったら，黒板の枠にシールを貼る。

⑤少しずつシールの位置を修正して，自分の使いやすい位置を決める。

❷ 授業の流れが決まる！

　板書の配置を決めるメリットは，見やすい板書ができるようになるだけではありません。板書の配置を決めると，授業の流れが決まってきます。いつでも同じような展開ができるようになるので，教師は教材研究がしやすく，子どもは安心感をもって授業に参加しやすくなります。

POINT

- うまくいった板書を分析する。
- いつでも再現できるように黒板の枠にシールを貼る。

５秒イラスト

> 「５秒イラスト入りオリジナル問題作り」は，私の鉄板学習法です。イラストを介して問題場面と式が結びつくようになり，文章問題の正答率が飛躍的に向上します。『５秒イラスト』が，学びを豊かにします。
>
> 鈴木　優太

 ## 絵のある板書を！

　板書にちょこっとイラストを描くだけで，授業が楽しいと感じる子は結構多いものです。しかし，凝り過ぎてしまう子がいるかもしれません。イラストが苦手な先生もいるでしょう。

　大丈夫です。合言葉は『５秒イラスト』です。

ネタ発動！

❶ QUICK, DRAW！

　『QUICK, DRAW！』という web サイトで『５秒イラスト』を楽しくトレーニングします。教師も子どもたちといっしょに取り組みましょう。

AI「次の絵を描いてください。ジェットコースター。制限時間20秒」

　お題に対して，絵を即興で描きます。

AI「わかりました。観葉植物」

　AI が自動で識別します。伝わらなかったら描き直します。

AI「わかりました。ジェットコースターです！」

　AI がお題の絵と認識できればクリアです。

QUICK, DRAW！

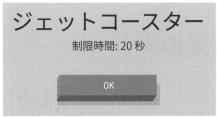

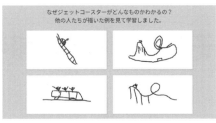

　何千万人もの人が描いたデータが蓄積されており，世界中の人が20秒で描いたニンジンを見ることもできます。デフォルメ力の肝がつかめます。

❷ 5秒イラスト入り文章問題

　例えば，算数の文章問題を『5秒イラスト』で表現します。5秒ほどのわずかな時間のつもりで，さささっと描くのが『5秒イラスト』です。『QUICK, DRAW！』の「20秒以内」をリミットにしています。問題場面の意味を素早くとらえ，読解力を磨くのにとても有効な手立てです。

POINT

- 『5秒イラスト』を合言葉にする。
- 『QUICK, DRAW！』で，教師も子どももデフォルメ力を磨く。

子どもからの情報収集の場

黒板は基本的に教師の商売道具であり，子どもには勝手に使用させないはずです。それゆえ，子どもには板書への「憧れ」があり，授業中に場を提供すれば子どもたちは大喜びです。

土作　彰

黒板を子どもに開放しよう

　教師のしゃべりにはじまり教師の板書に終わる。そんなつまらない授業形態に子どもたちは辟易としています。

　授業を双方向にするためにも，教師は意図的に黒板を開放し，子どもたちからの情報提供を受けるといいでしょう。子どもたちの授業への参加意欲も高まります。

ネタ発動！

❶ 漢字の間違い直し

　漢字テストや漢字練習ノートで誤答率の多い漢字があったら，誤答例をメモしておき，折に触れて板書します。

　「全員起立。この漢字の間違いがわかった人は座ります」と指示します。

　そして「誰か間違いを直せますか？」と聞いて，１名の子に間違いを訂正させます。

❷ 漢字集め

　例えば「てへんのつく漢字を10個ノートに書けたらノートを見せに来なさい」OK をもらった人はそのうち１個だけ黒板に書くことができます。

❸ 歴史人物情報集め

　例えば黒板に「豊臣秀吉」と書きます。そして「豊臣秀吉について知っていることを書きに来なさい」と言って黒板を開放します。一定時間後，書かれた情報を整理していきます。最後はノートに写させて提出させます。

これは「テン」「コロぶ」だね。
「軽」とは違うけど勉強になるね。

ミスがあっても否定しない！

POINT

・折に触れて黒板を開放し，子どもからの情報収集の場にする。

ノートのテンプレート

> ノートをとるのが上手な子もいれば，そうでない子もいます。どの子にも充実
> したノートをとらせたいのですが，なかなか難しいものです。そんなときは，
> テンプレートがあると充実したノート作りに役立ちます。

高橋　朋彦

ノートの役割・子どもの学び

　ノートには，次のような役割があると考えます。

- 学びの記録をする。
- 自分の考えを見える化する。
- 考えを広げたり深めたりする。

　子どもたちのノートの使い方がうまくなると，学びが充実します。

ネタ発動！

❶ 算数の授業特性から

　算数の授業は，単元によって多少の違いはあれど，基本的な授業の流れは
決まっています。

　コツさえつかんでしまえば，成果の上がるノートにしやすい教科と言えま
す。そこで，右ページの図のようなテンプレートを使いながら，子どもたち
にノートの使い方を説明します。

　算数で身につけたノートの書き方は，他の教科のノートの書き方にもつな
がります。

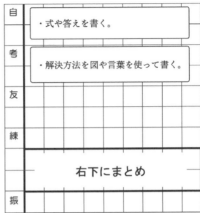

　テンプレートは次のように活用します。

①テンプレートを作る。

②テンプレートを使いながらノートのとり方を説明する。

③時々，ノートのとり方を確認する。

　子どもに配付する用のテンプレートがあるとさらに効果的です。

❷ 思考の作戦基地

　有田和正先生は，ノートのことを「思考の作戦基地」だとおっしゃっていました。綺麗なノートをとらせることも大切ですが，子どもたちが自分の考えをノートに書きたくなるような授業展開にしていくことも大切です。私自身，ノートを「思考の作戦基地」までに昇華することはできていませんので，これからも工夫改善を続けていきたいです。

POINT

・テンプレートを作り，書き方を共有する。

ノートプレゼン

> ノートやワークシートに書いたものは，必ずペアで伝え合うようにします。「書く力」と「伝える力」が爆発的に向上します。ノートを書いて授業終了では，もったいないです。

鈴木　優太

書いたら，伝えたい！

　「書く」と「伝える」はセットです。書き立てほやほやのノートを『ＡＢＣペア』（参照 p.144）で伝え合う『ノートプレゼン』を積み重ねます。１回20秒，ペアで交互に取り組んでも１分程度のわずかな時間です。

ネタ発動！

❶ ノートは指差しながら伝える

教師「ノートを指差しながら，今日学んだことをＡペアに20秒で伝えます」

　ポイントは「ノートを指差しながら」です。この指示がないと，子どもたちはせっかく書いたノートを自分にしか見えない形で読みがちです。読むのではなく伝えることが重要です。

　体の向きは，正対よりも横並びがオススメです。ノートを見合うこと

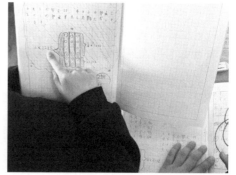

で，他者を意識したノートづくりを心掛けるようになっていきます。指差しを通して，身振り手振りを交えたプレゼンができるようになっていきます。

❷ サイン交換

　『ノートプレゼン』の直後に，『サイン交換』をします。5秒程度で，ノートに名前を書いてもらいます。簡単なコメントを書き合うのも◎です。友達からサインやコメントをもらえることが，表現活動の意欲向上に効果抜群です。交流できた人数も見えて達成感があります。「認められた！」という安心感を実感できるようです。

POINT

- 書き立てほやほやの「ノートを指差しながら」横並びで伝え合う。
- 『サイン交換』で承認欲求も満たされ，学習の充実感は大きくなる。

授業の最後はノート作業

ノートはいたずらに板書を写させるだけでは能がありません。授業への参加度のチェックに利用すると，指導の効率がアップします。そして，それは授業の最後の作業に位置づけるのです。

土作 彰

 板書は授業参加と緊張のために……

　板書の本が人気です。各教科の「全板書計画」のような内容のものもあります。

　しかし，基本的に板書を写すだけでは学力はつきません。労力だけかかって成果は薄いのです。板書は，授業に参加させるためであったり，緊張させるためであったりすべきです。

　そこで，ノートを授業の最後に集めることにします。その際には，必ず授業の内容を聞いていたり，理解していたりしないと解けない問題を出題するといいでしょう。

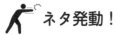 **ネタ発動！**

❶ 算数

　その日の学習内容を理解しているかを試します。一通り授業を終えたら，「今から黒板に３問の問題を出します。できたら持ってきなさい。全問正解した人からノートを提出して休み時間に入れます」と指示をします。

　これだけです。間違っていたらやり直しをさせますが，学力的にしんどい

子には配慮をしてあげてください（例えば3問のところ2問でいいなど）。少なからず出さすにごまかす子が出てくるので，そこは見逃さずにチェックします。

❷ 理科

「今日の学習で学んだ一番大切なことは何ですか？」などの出題がいいでしょう。その答えは多くの場合，理科の教科書の一番最後にある「まとめ」の部分にある文言です。「光はまっすぐに進む」や「水は約100℃で沸騰する」などです。

・3問全問正解したら休憩。
・ミスはやり直し or 個人指導。

POINT

● 授業で学んだ大切なことを書かせる。
● 授業を理解していればできる問題を出題する。

算数授業の流れ

「算数の基本的な流れは決まっている」と言われることもあれば，「型に当てはめた授業は好ましくない」とも言われることもあります。どちらにしても，教師が明確な授業の型をもっていることが大切だと考えます。

髙橋　朋彦

授業の基本的な流れを定めるのが大事

　授業力向上のために，基本的な流れを意識して算数の授業づくりをします。基本的な流れを意識することで，次の３つの効果が期待されます。
- 毎回同じように授業展開ができるので，授業がスムーズになる。
- 目の前の実態に合わせて展開を変えることができる。
- 教師の授業改善につながる。

ネタ発動！

❶ 授業の流れを意識して授業づくり！

　教師のこれまでの学びや，地域によって変わってきますが，私は右ページの図でご紹介している「10のステップ」を基本として授業づくりをしています。とはいえ，毎回10のステップでできるわけではありません。基本的な流れを大切にしつつ，順番を変えることもあれば，取り入れないステップもあります。基本的な流れを知っていることで，そのときの授業内容や子どもの実態に合わせた授業展開をすることができます。

　10のステップを次のように意識して授業づくりをしています。

①目の前の実態や授業内容
に合わせた教材研究。
②流れを意識した授業の展
開。
③流れをもとにした授業の
工夫・改善。

①目の前の実態や授業内容に合わせた教材研究。
②流れを意識した授業の展開。
③流れをもとにした授業の工夫・改善。

　流れがある程度決まっていることで，教師にとっても子どもにとっても安
心した授業につながります。

❷「型がなければ型なし」「型があるから型破り」

　「授業の流れが決まっていることは好ましくない」というご意見があります。型にはまりすぎてしまうと，窮屈な授業になってしまうという理由からだと思います。しかし，ある程度型があるからこそ，子どもの実態や授業内容に合わせた授業展開ができるようになると考えます。

POINT

• 算数授業の型をもつ。
• 目の前の子どもの実態や授業内容に合わせて授業づくりをする。

ナンバリングメモ＆なるほどベスト３

> 主体的に学び取る力は，「メモ力」です。しかし，メモが高度な営みになってしまうのは，聴書と要約を同時に求めてしまうからです。聴書と要約を分けて取り組むことで，驚くほどメモが書けるようになります。

鈴木　優太

聴書と要約を別作業化

聴書だけにまずは専念します。そして，大事なことの要約は後から選ぶようにします。

ネタ発動！

❶ ナンバリングメモ

『ナンバリングメモ』は，番号をつけてメモを書く手法です。「大事じゃないことも鉛筆を止めないで書き続ける」ことが最大のポイントです。５秒程度で描ける簡単なイラストも数にカウントします。NHK for School の10分間の動画を見ながら，メモを取るトレーニングが効果的です。

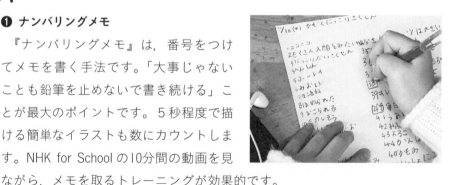

❷ なるほどベスト３

書いたメモから自分にとっての『なるほどベスト３』（内容によってはベ

スト1）を決めます。20秒程度で赤鉛筆で印（丸や王冠マークなど）をつけます。大事なことの要約は，「後から選ぶ」のがポイントです。

そして，ペアで交互に聴き合います。子どもたちは，情報を取捨選択する経験を積み重ね，質の高い交流ができるようになっていきます。

❸ あらゆる場面で使える万能学習法

国語：登場人物が考えていたことの想像。
算数：オリジナル問題作り。
生活：観察カードの記述。
理科：実験中に見つけたことの記録。
社会：問いのブレスト。
道徳：自分自身を見つめ直した振り返り。
学級活動：個人や学級の問題解決アイデア出し。　　　　　など

「発散」し「選択」する学習法は，あらゆる教科・領域に汎用性があります。考えやアイデアを書き出したり，友達の意見を聴書して書き足したりすることができるようになり，授業が充実します。よい選択のためには，圧倒的な量の「発散」が必要です。『ナンバリングメモ』で，目に見えて数が増えていくところから，協働的に学ぶことの旨味を実感できる子も多いようです。そして，出し尽くしたものの中から自分の『なるほどベスト3』を「選択」します。質の高い考えを学び合える営みです。

POINT

- 聴書（『ナンバリングメモ』）だけに専念し，鉛筆を止めないで書き続ける。
- 要約（『なるほどベスト』）は後から選び，ペアで伝え合う。

小さなパートに区切る

> 年間1000時間の授業。これの時間配分を1000通り考えるなど到底やってられません し，効率が悪いです。そこで，45分の授業をいくつかのパートに区切り， ルーティン化します。とても効率的です。

土作　彰

授業をパーツで構成

　年間1000時間の授業をどう運営するか？　これは担任教師にとって切実な 死活問題と言えるでしょう。いちいち１時間ごとに時間配分を考えるなんて とても非生産的なことです。そうではなく，各教科45分の授業時間をいくつ かの小さなパートに分けるのです。そうして毎日のルーティンを決めておく とあとはその小さな時間の「箱」に授業内容を放り込むだけですから，授業 準備がいたって楽になります。

ネタ発動！

❶ 国語

　暗唱→フラッシュカード→ドリル音読→漢字テスト→意味調べ→教科書本 文の内容指導

❷ 算数

　100マス計算→ドリル学習→予習問題→今日の学習内容→ドリル学習

❸ 理科

教科書音読→ノート整理→実験・観察→ノートまとめ

❹ 社会

暗記・暗唱→フラッシュカード→地図帳ゲーム→教科書の内容

国語

0 3	6	16	20	25	45
暗唱	フラッシュカード	ドリル音読	漢字テスト	意味調べ	本文の指導

算数

0 5	10	15	35	45
100マス	ドリル	予習問題	今日の学習	ドリル

理科

0 8	15	35	45
教科書音読	ノート整理	観察・実験	ノートまとめ

社会

0 10	15	20	45
暗記・暗唱	フラッシュカード	地図帳ゲーム	教科書の内容

＊杉渕鐵良先生のユニット授業の実践を参考にしています。

POINT

- 45分の授業を小さなパートに分ける。
- それをルーティン化する。

ポジティブ丸つけ

子どもたちに自信をもってほしいと思っています。自信があれば，自分の考えを書いたり発表したりして表せるようになります。そこで，机間指導するときに小刻みに丸つけをして子どもに自信をもたせます。

髙橋　朋彦

 自力解決の授業で……

　子どもたちは，算数の自力解決の時間に一生懸命問題に取り組んでいます。しかし，自力解決の後にグループで話し合ったり，前で発表したりさせたいのですが，自信をもって考えを発表することができません。

ネタ発動！

❶ ポジティブ丸つけ！

　机間指導をしているときに丸つけをします。丸をつけるときには，子どもたちに声を掛けてネタを発動させます。

　「いいね！」「すごい！」「よく考えたね！」

と，ポジティブな言葉を添えながら丸つけをすることで，子どもたちは，より自信をもつことができます。

　問題を間違えている子には寄り添い，一緒に問題を解きます。できたときには，

　「やったー！」

と一緒に喜び，大きな丸をつけると，とても嬉しそうにしてくれます。

いいね！

　次のようにして，子どもたちに丸つけをしています。
①自力解決のときに机間指導をする。
②ポジティブな声を掛けながら丸つけをする。
③自信をもたせてから活動に取り組ませる。

❷　どんなポジティブな言葉がいいの？

　ポジティブな言葉を掛けると言っても，どのように声を掛けたらいいか悩んでしまうものです。しかし，そこまで深く考えなくていいと思います。
　「いいね！」
と声を掛けながら丸つけをするだけでもとても嬉しそうです。ですので，
　「天才！」「よく頑張った！」「できたじゃん！」「素晴らしい！」
と，思いつく言葉をどんどん掛けていきます。

POINT

- ポジティブな言葉を掛けながら丸つけをする。
- 丸つけをして自信をもたせてから活動に取り組ませる。

親切すぎない場所で話す

教師や級友が発表するときに,「体を向けて」聴こうとするかどうか, これ, 私はとても重要だと考えます。

鈴木　優太

子どもは聴こうとしている?

　教師が話すときに,「黒板の前」でばかり話していないでしょうか。ただちにやめるべきです。

　ロッカーの前で話してみてください。子どもたちはくるっと正対して聴こうとしますか?　スティーブ・ジョブズのように移動しながら話してみてください。子どもたちはくるくると体を動かしながら聴こうとしますか?

ネタ発動!

❶ 教師が話すときの立ち位置

　「親切すぎない場所」に動いて話す教師が, 子どもたちの「聴こうとする力」を育てます。「聴こうとする力」は主体性そのものです。

　ぼーっとしている子を見つけたときは, その子のそばに教師がそっと立ちます。背筋がぴんと伸びるはずです。

　前向きな言葉を掛けます。

教師「思いやりが見える聴き方だと思います。すごいなぁ」

　黒板前から動けない教師ではいけません。

❷ 子どもが発言するときの立ち位置

　子どもが発言するとき，教師はどこに立ちますか？

　第1段階は，発言者の「真横」や「少し後ろ」です。学級のみんなが体を向けて聴こうとしているかどうかを，話し手の子と一緒に確認します。

　第2段階は，発言者の「対角線上の最も遠いところ」に立ちます。教師に向かって話をしていた子が，学級のみんなに届ける話し方に変わります。

　第3段階は，教師の存在感を消していくように心掛けます。

POINT

- 「親切すぎない場所」に動いて話す教師が，子どもたちの「聴こうとする力」を育てる。

「見られている」から手抜きできない

何か作業をするときに，子どものみならず大人であっても，人に見られず何も評価されないのであれば，手抜きをしようとなるのは自然の節理＝「社会的手抜き」なのです。教師はこのことを意識すべきです。

土作　彰

子どもを見ているか？

　お巡りさんが定期的にでも町内をパトロールしてくれるから，犯罪発生率は下がるのです。つまり，人に見られているという感覚は，かなりの「圧」を与えるわけです。逆に誰も見ていない，何の評価もないとなれば人間はまずまともに仕事をしようとは思いません。教室でも同じことが言えます。何か課題を与えた後に，教師がいかにして「圧」を加えるかは，その後の子どもたちのパフォーマンスに大きく影響してきます。

ネタ発動！

❶ 後ろに立つ

　教科書を音読をさせたいとき，まずは教室の後ろに位置します。そうして子どもたちの教科書を見比べます。同じ「模様」に見えますか？　違ったページを開いているとそこだけ「模様」が違うのですぐにわかります。

❷ 近づく

　違うページを開いている子がいたら近づいていきます。あえて足音を大き

く立てます。子どもの姿勢が変わります。

❸ 机間を歩き，止まる

音読をさせているときにはある場所で立ち止まり，耳を澄ますジェスチャーをします。

そうして「〇〇さん，とても声がよく聞こえるねえ！」とプラス評価を口にします。音読の声が一気に大きくなります。

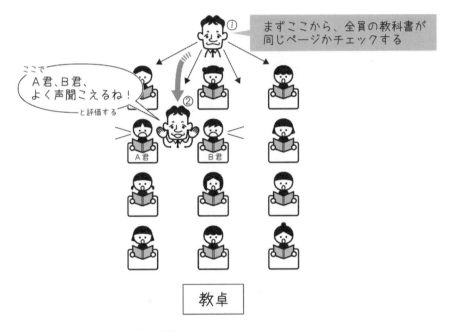

まずここから、全員の教科書が
同じページかチェックする

ここで
A君、B君、
よく声聞こえるね！

と評価する

A君　B君

教卓

＊杉渕鐵良氏のユニット授業から学びました。

POINT

• どこにいても「先生は見ているのだ」という「圧」をかける。

どのように考えましたか

机間指導やミニ先生など，教師も子どもも丸をつける機会があります。教えたり丸をつけるときに発言するのは，丸をつける側。しかし，丸をつけられる側も自分の考えを言える機会をつくりたいものです。

高橋　朋彦

ミニ先生活動を教え合いに導きたい

　算数の自力解決をしています。早く問題を解き終わった子はミニ先生役として，丸つけをしたり，わからない子に教えたりしてもらいます。

　一見，活動は充実しているように見えるのですが，よく見ると，発言するのは学習の理解をしている丸をつける側ばかりです。このミニ先生活動を丸をつけてもらう側も発言する「教え合い活動」に発展させたいものです。

ネタ発動！

❶　「どのように考えましたか？」「どこにつまずいていますか？」

　そこで，ミニ先生側に次のような言葉を使って丸をつけてもらいます。

　丸をつけるとき　　「どのように考えましたか？」

　教えるとき　　　　「どこにつまずいていますか？」

　丸をつける側が質問して活動をすることで，丸をつけてもらう側が発言することができました。

　次のような手順でミニ先生の活動に取り組みます。

①早くできた子に教師が「どのように考えましたか？」と質問して丸をつける。
②丸をつけてもらった子が他の子に同じように質問して丸をつける。
③つまずいている子には「どこにつまずいていますか？」と質問させ，考えを聞いてから教え合いをする。

❷ 教え合いの輪を広げる

　教師が１人目の子に「どのように考えましたか？」と質問することがポイントです。そこで答えた子が今度は尋ねる側になることで，教え合いの輪が広がっていきます。

POINT

- 「どのように考えましたか？」「どこにつまずいていますか？」と質問をさせてから教え合い活動をさせる。

○人『以上』と交流

「○人『以上』と説明できる」をゴールに設定します。子どもたちはペアを次々に替えながら，時間いっぱいまで交流します。

鈴木　優太

非構成の交流活動成功の秘訣

『ABC ペア』（参照 p.144）で説明し合います。まずは，自席での構成的な交流活動でやり方の確認をします。

子どもは，「1人とできた。同じようにあと4人以上とやればいいんだな」と安心感をもって，非構成の自由な交流活動をスタートします。

ネタ発動！

❶「○人『以上』」とゴールを設定する

教師「15分間だと，ペアを替えながら何人と説明できそう？　……じゃあ，15分間で5人『以上』に説明できるをゴールにしましょう」

子どもたちとチャレンジレベルを調整し，ゴールを設定します。『以上』がキラーフレーズです。交流が時間いっぱいまで行われるからです。

「量」を求めることで，「質」のよいものが生まれる可能性は大幅にアップします。

より多くの仲間と交流した子の説明や発表は質が高いのです。コミュニケーションも経験「量」が大切です。

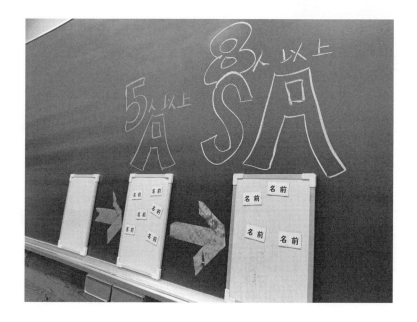

❷ 名前マグネットで学びの位置を可視化する

黒板に『名前マグネット』を貼り，達成できたら自分で動かします。
子ども「ステージをクリアして進む感じがうれしい！」

例えば，「スタート」→「Ａ：５人以上」→「SA：８人以上」です。
子ども「□□さんすごいな。あっ！　達成がまだの△△さんと説明しよう！」

全員の学びの現在位置が一目でわかります。達成状況を見ながら子どもたちが動き，学び合いが活性化します。

POINT

- 『以上』がキラーフレーズ。時間いっぱいまで交流を促す。
- 『名前マグネット』が学び合いを促す。

男女問わず，誰とでも

> ワークショップなどで教室を歩き回ってペアをつくるシーン。これはクラス中の子どもたちが誰とでも活動できることが目的の一つですから，決まったペアとしか組まない状況は改善しなければなりません。

土作　彰

決まった相手としか握手しない？

　「今から教室を歩き回ってたくさんの友達と握手してきなさい」という指示があるとします。この後，担任は子どもたちの様子を見て，決まった相手としか握手していない子がいないかを見ておかねばなりません。よいクラスでは男女の別なく誰とでも活動できるはずです。

　しかし，それができていないときはクラスの状況は黄色信号であるという認識が必要です。

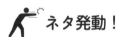 ネタ発動！

❶ まずはやらせてみる

　指導していない学級では，まず子どもたちは男子と女子がまんべんなくペアを組んだりすることはありません。そこで，まず先述の「握手ワーク」をさせてみます。

❷ 何人の異性とペアを組んだか？

　終わったら席に着かせて問います。「男子は何人の女子と握手しましたか？

女子は何人の男子と握手しましたか？」ほとんどの場合は，０人か多くて２
〜３人でしょう。

❸ いいクラスとは？

　「男女が協力できるクラスとそうでないクラスとではどちらの方がみんな
幸せに過ごせるでしょうか？」と子どもたちに問います。そもそも何故男女
共学なのか？　その意味をしっかり子どもたちに伝える必要があります。答
えはもちろん前者です。

❹ ハイスコアを決めて再チャレンジ

　男子16名，女子14名のクラスなら「異性と握手するときの男子のハイスコ
アは14人，女子のハイスコアは16人だね」と確認します。「いいクラスをつ
くるためにもう一度やってみましょう！」と言って再チャレンジさせます。
終わったら再度人数確認をし，人数が伸びたことを大いにほめます。

POINT

・男女が協力することの大切さを説く。

振り返りのテンプレ

> 子どもはそれぞれ，授業を通してさまざまな学びをしています。しかし，どのような学びをしているか教師は見取ることができません。振り返りを充実させることで，子どもたち一人一人の学びを見取ることができます。

髙橋　朋彦

 ## 振り返りが「楽しかった」だけ？

道徳の時間のことです。話し合いが充実した授業になりました。

子どもたちがどんな学びをしたか知りたいと思い，振り返りを書かせます。しかし，振り返りを書かせると，いつも「楽しかった」「わからなかった」のような抽象的なものになり，具体的な学びを書かせることができません。

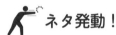 ネタ発動！

❶ 振り返りのテンプレ

そこで，右のページでご紹介する「振り返りのテンプレ」を使って振り返りを書いてもらいます。

「話し合いのときに，○○さんが『あいさつをすると自分も気持ちよくなる』と言っていて，その通りだと思った。あいさつは，周りの人だけでなく，自分自身のためにもなることがわかった。これからは，あいさつを進んでしていきたいと思った。」

と，話し合いで学んだことをもとに振り返りのテンプレAとBを合わせて振り返りを書くことができました。

ふり返り
A ①いつ ②誰が
③何を言ったか「 」
④わかったこと
B ①今までは
②わかったこと
③これからは
ポイント・わかった瞬間
学びのキーワード

「学習を理解できた瞬間」
「自分の気持ちが動いた瞬間」
について，テンプレートをもと
にして振り返ります。

【振り返りのテンプレA】
　①いつ　　　②誰が　　　③何を言ったか「　」　　　④わかったこと
【振り返りのテンプレB】
　①今までは　　　②わかったこと　　　③これからは

　振り返りのテンプレートがあることで，子どもたちに着目してもらいたい
ポイントに着目できた振り返りになります。

❷ 振り返りのテンプレB
　振り返りのテンプレBでは，次のような振り返りになります。
「今までは，あいさつをするのは面倒くさいと思っていたけれど，あいさ
　つをすることで周りの人も自分も気持ちよくなることがわかった。これ
　からは，進んであいさつをしていきたい。」

POINT

• 振り返りのテンプレを与えて振り返りさせたいことを焦点化する。

パーフェクトチャレンジ

> テストをイベント化する一工夫です。テストは，学力の向上に効果てきめんですが，満点だけをよしとする完璧主義に陥ってしまってはいけません。ほどほどの「遊び心」を大切に取り組んでいくのが秘訣です。

鈴木　優太

うっかりミスが激減

単元テストは業者が示す標準実施時間で行います。この時間よりも早く終わった子が『パーフェクトチャレンジ』の対象者です。うっかりミス対策で始めました。チャレンジする子が増えていき，粘り強くテストと向き合えるようになります。

ネタ発動！

❶ 栄光のトロフィーに名を刻める

テスト時間，黒板に黄色のチョークで，「栄光のトロフィー」（簡単なトロフィーの形）を書きます。「満点だと歴史に名を刻めます」と宣言します。

満点だった子と教師は，固い握手（またはグータッチ）を交わします。これがとっても嬉しいようです。そして，名前マグネットを移動できます。

❷ 見直し，解き直し，書き直し

　テストが早く終わった子たちのうっかりミスは，目で見るだけの見直し，頭で考えるだけの解き直しでは，なかなか改善されません。

　そのため，書いた答えを指で隠し，解答欄の横にもう一度「書き直し」する学び方を推奨します。惜しまず手を動かす超アナログな学び方ですが，ペーパーテストにおける学力向上に大変効果的です。

POINT

- 満点だった子と教師は，固い握手を交わす。
- 書き直しまで推奨し，粘り強く学ぶ学習体力を養う。

自己採点

授業の振り返りは今や全国「スタンダード」として行われていますが，その学習内容に対してだけであり，心構えに対しては行われておらず，効果的に授業の効果が上がっていないと考えられます。

土作　彰

 ## 授業の振り返りで「心のコップ」を上向きに

グループ活動をさせる状況があったとします。

しかし，その際に「何を学びましたか？」などの学習内容そのものに対する反省はあったとしても，授業態度に対しての振り返りをさせることはほとんどないのではないでしょうか。

「なぜかを問え！」（参照 p.98）でも書きましたが，「心のコップ」を上向きにさせなければ，単に「ダラダラした活動」を学習させるだけの有害な指導になってしまう危険性があります。

ネタ発動！

❶ 活動直後に

例えば，グループ活動が終わったとき。

下記のように話します。

「今，みなさんの活動をずっと見させてもらいました。あなたはどれだけ自分から積極的に友達と交流できましたか？　3点満点で自己採点します」

「完璧！これ以上できない！というくらい最高に頑張れた人は３点。全く
　できていなかったという人は０点。あとは２点か，１点になります」
「１つ決めたら姿勢を正します」

❷ 減点理由を聞く

　続いて，「３点の子は手を挙げます。２点は？　１点は？　０点は？」と
順番に聞いていきます。

　そして，「１点でも減点した子は立ちます」と指示し，その減点理由を言
わせていきます。そうすると教師が言うまでもなく，子どもたちが自分で
「反省すべき点」を口にしていきます。これは「教師が言いたいことは子ど
もに言わせる」という指導原理に基づいているのです。

＊深澤久先生の実践を参考にしています。

POINT

• 減点理由を子どもに言わせる。

宿題とテストの連動

> 宿題を出すと子どもはやってきます。しかし，ただやらせているだけでは身になる宿題になりません。テストと宿題を連動させることで，子どもに目的意識をもたせて宿題を取り組ませられるようになります。

髙橋　朋彦

宿題は「〜ねばならないもの」？

教師にとって宿題は「出さなければならないもの」。子どもにとって宿題は「やらなければならないもの」。教師にとっても子どもにとっても「〜ねばならないもの」なので，仕方なく取り組んでしまいます。

宿題が，子どもにとって力のつく取り組みになればいいのですが，なかなか難しいものです。

ネタ発動！

❶ 宿題とテストの連動！

そこで，宿題とテストを連動させます。私の場合，教室の背面黒板にテストの予定を書き，

「○月△日，国語のテスト」「○月◇日，算数のテスト」

と，子どもとテスト日を共有して見通しをもたせています。

そして宿題を出すときに，

「宿題はテストにつながっているから何回もやっとくと得だよ」

と声を掛けると，前向きに取り組める子が増えました。

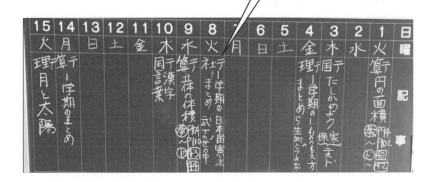

背面黒板にテスト日を明示します。

　次のようにしてテストと連動して宿題を出しています。

①背面黒板にテスト日を公開する。

②テスト範囲を子どもと共有する。

③テストと宿題の関連性を伝えながら宿題を出す。

❷ できる子を増やしていく

　宿題とテストを連動して出しても，効果はすぐに出るものではありません。しかし，クラスの中には必ず成果を上げてくる子がいます。その子に，

　「どうして成績が上がったの？」

と聞いて，宿題に取り組むメリットを共有します。このやり取りを繰り返して，徐々に前向きに取り組める子を増やしていきます。

POINT

- テスト日を公開して宿題を出す。
- 宿題に取り組むメリットを共有する。

自分で取るプリント

給食を下膳した動線のまま，自分のプリントを自分で取ります。ノートなどの返却物も，同じ動線上から数冊ずつ取って配ります。「自分のことは自分で！」を，環境×ルーティンで育みます。

鈴木　優太

 ## 自分のことは自分で！

プリント類をもらうのではなく，子どもたちが「自分で取る」ようにします。教室環境を駆使した能動的行為のルーティンを通して，「自分のことは自分で！」という意識と行動が育まれていきます。

プリントやチラシ類は並べて置きます。

実家庭数のプリント等は変化をつけてカゴ入りにします。教室内のロッカー上でも可能ですが，手狭な教室内にこだわる必要はありません。廊下に出したキャビネットやオルガンの上，学校によっては据え置きされているベンチなど，これらを上手に活用しましょう。

ネタ発動！

❶ 配付物は，給食を下膳した一方通行の動線で取る

　給食を食べ終えて下膳したら，配膳台から一方通行のそのままの動線で，自分のプリントを「自分で取る」ようにします。給食後に毎日全員が取り組む活動として「ルーティン化」するため，取り忘れることがありません。

❷ 返却物も，数冊（枚）取って配る

　ノートなどの返却物も動線上に平置きします。『くばるものコーナー』です。「そのままの動線」で数冊ずつ持っていって配ります。下校前に慌ただしく配付や返却することもなくなります。

POINT

- 給食を下膳した一方通行の動線を活用する。
- 平置きした配付物や返却物を自分で取ると，「自分のことは自分で！」が当たり前になる。

カスタマイズ対応

宿題を多く出せば「多すぎる」，少なくすれば「少なすぎる」というクレームがきます。個人差がある子どもたちに一律同じ量の宿題を家庭に丸投げしてしまうことに無理があるのだと思います。

土作　彰

個に合わせた宿題量

　計算，漢字ドリル，音読にプリントなどは宿題の定番です。しかし，多くの場合，その量では多すぎる，少なすぎるといった問題が出てきます。そもそも宿題はなぜ出すのでしょうか？　宿題は家庭学習と同じなのでしょうか？　ここを整理して考えてみる必要があります。

　では，どのようにするのか？　それは，学力保障は学校でやるということを基本にするのです。

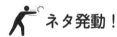

ネタ発動！

❶ ドリル

　計算ドリルは，授業の一環として授業時間内に使用します。家には持って帰らせません。やり直しも隙間の時間を使ってやらせます。

　漢字ドリルは，やり方にもよりますが，自分で学習計画を立てさせます。例えば，「4ページは9月〇日まで」といった具合にです。やるページに日付を書かせるのです。これを学期はじめにやります。ただし，11月30日までにはやり切るという締め切りを設定します。子どもたちは自分のペースで練

習してきますので，毎日予定通り進んでいるかチェックします。遅れている子には声掛けをします。

❷ **音読**

　この宿題ほど有名無実化しているものはないでしょう。つまり，音読の宿題を出して音読が本当にうまくなっているのかをチェックしているのかということです。音読は国語の授業で指導します。音読はプロの指導があってこそうまくなるからです。ですから私は，下記のように自由進度制の音読カードを作成し，読んだ箇所に日付を入れさせて提出させます。出さない子がいても構いません。音読の宿題をやってこなくても音読が驚くほど上手な子はたくさんいます。

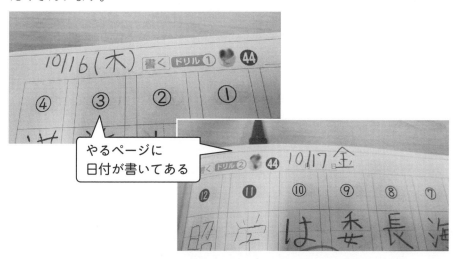

やるページに
日付が書いてある

POINT

- 宿題に過大な期待はしない。
- 個人の能力に合わせれるような工夫をする。

ジャンケン交流

授業で考えの交流をするために，ペア対話をします。せっかく意見の交流をするので，楽しい雰囲気で取り組みたいと思っています。そこで，交流にちょっとした遊び感覚を取り入れていきます。

髙橋　朋彦

楽しい雰囲気で交流してもらいたい！

　道徳の時間に，挨拶について自分の考えをノートに書いてもらいました。いろいろな子の意見を知ってもらうために，書いてもらった考え方の交流をさせたいと考えています。

　できるだけ多くの子に楽しい雰囲気で交流させたいのですが，グループでの交流では，３～４人としか交流することができません。

ネタ発動！

❶ ジャンケン交流！

　そこで，ジャンケン交流をします。ジャンケン交流は，自由に立ち歩き，相手を探してジャンケンをしてから意見を伝え合うという活動です。

　自由に立ち歩くことで，自分の近くの席以外の子とも考えを交流することができます。

　また，ジャンケンをすることで遊び感覚が取り入れられるので，楽しい雰囲気で考え方の交流をすることができます。

　次のような手順で考え方の交流をします。

①考えをノートに書く。

②自由に立ち歩き，相手を見つける。

③ジャンケンをする。

④勝った方が「どのように考えましたか？」と聞き，負けた方が答える。

⑤負けた方が「どのように考えましたか？」と聞き，勝った方が答える。

⑥お互いに「ありがとうございました」と言って次の相手を探す。

❷ うまくいくために心掛けていること

　うまくいくために，「男女問わず関わること」「○分以内に△人以上，異性と交流する」といったルールを設けて取り組んでいます。

　ルールを達成できた子に称賛を繰り返して交流を活発にします。

POINT

・楽しい雰囲気で考え方の交流をさせる。

ABC ペア × 4 人班

集団の最小単位がペアです。体の向きを変えるだけで相手を変えたペア活動を3人とできる点で優れている『ABC ペア』と『4 人班』を組織します。対話の「量」を効率よく積み重ねましょう。

鈴木　優太

45分間で10回ペア活動

　ペア活動を45分間で「10回」行います。「ペアで答えを言い合います。5秒でどうぞ」のようなごく短い確認なども含みます。

　活動前には「立つ」，活動後には「座る」といった動作も加えると，授業のテンポがよくなります。教師が話し過ぎる講義にはなりません。

　説明を交互に聞き合う，問いを練り合う，即興でクイズを出し合うなど，ペア活動を1日「50回」あらゆる授業で行います。半年間で「5000回」，1年間では何と「10000回」です。自信がつきます。

ネタ発動！

❶ ABC ペア

Aペア…隣の座席
Bペア…前後の座席
Cペア…斜めの座席

　3人班は，例えば隣の4人班と合わせた計7人で『ABC ペア』を決めておくと，

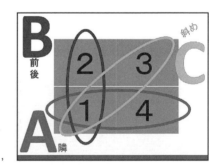

いつも同じ３人で活動することにはなりません。

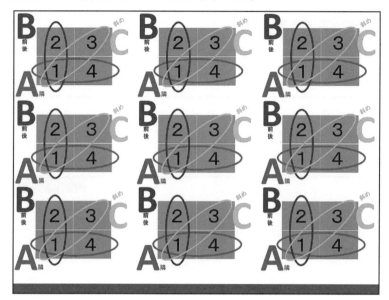

❷ ４人班番号

　体の向きを変えるだけで相手を変えたペア活動を３人とできる点で優れています。班内の座席に，１・２・３・４の番号をつけたものが『４人班番号』です。

　「１番はプリントを集めます。２番はノートを開いて集めます」

　１日の中で全員が遍りなく分担する納得のシステムが，学習規律を育みます。班で回収すると班ごとにまとまっているため，返却もスピーディーです。

POINT

- 『ABC ペア』での活動を45分間で「10回」行う。
- 『４人班番号』でプリントやノートを回収する。

礼儀作法の指導

年間でペア学習やグループ学習を一体何回行うでしょうか？ 友達あってのアクティビティですが，そのつど挨拶やお礼を言わせているでしょうか？ それらは道徳的所作の実践の場です。

土作 彰

アクティビティの基礎に礼儀

　礼儀は武士道の精神にも唱えられているように，とても大切な道徳的所作です。これにこだわって，年間を通じてどの授業でも取り入れて指導することで，１年後子どもたちの言動に大きな差が生じます。

　礼儀正しい言動は教室や子どもたちの人間関係から荒みを排し，学級経営を安定させるために非常に重要な要素となります。

ネタ発動！

❶ アクティビティの開始と終わりの挨拶

　例えばペア学習。何かのアクティビティをはじめる際に「よろしくお願いします！」と心を込めて目を見て挨拶させましょう。可能ならハイタッチや握手があってもいいでしょう。この相手へ贈る言語，非言語のメッセージのことを原田メソッドでは「ストローク＝心の栄養」と呼んでいます。相手の心を元気にするために，視線，声量，語調，握手に気を配るのです。この価値をしっかり指導してから挨拶させましょう。

　もちろん，終わったら「ありがとうございました！」とストロークを贈り

ましょう。1日1回としても年間で200回ものストロークを贈り合うことになります。学級は確実に変わっていきます。

❷ 相手を気遣う所作

　例えば，自分のワークシートなどを見せ合うときの立ち位置や相手が理解しているかの確かめなどの所作を教えます。シートなら横並びで見るとか，ひとしきり話したら相手に対して「わかってもらえた？」と聞くなどです。相手を気遣うストロークとも言えます。

＊原田隆史先生のセミナーで学びました。

POINT

・礼儀作法と気遣いは相手への心の栄養＝ストロークになる。

第3章

仕事術ネタ

来た瞬間に終わらせる

1年間を通して，日々の授業だけでなく，運動会や学習発表会などの行事，突発的なトラブル対応など，大きな仕事がたくさんあります。そのうえで，細々とした仕事も山ほどあり，日々の業務をさらに圧迫させます。

髙橋　朋彦

 細々とした仕事が山ほど……

授業が終わり，子どもたちは下校しました。今日も色々とありヘトヘトです。職員室に戻ると机の上は紙資料の山。仕事がたくさん溜まっています。取り組もうとしたときに，

「アンケートの期限が過ぎているんですけれど，ありますか？」

と尋ねられました。アンケートは紙資料の中に埋まっています。

やっとの思いで見つけてアンケートに答えたのですが，気づくと30分近くかかっていました。

ネタ発動！

❶ 来た瞬間に終わらせる！

山ほどある細々とした仕事。実質取り組む時間はほんの2～3分程度です。ですのでこのスキル。

「細々した仕事は来た瞬間に終わらせる！」

来た瞬間に終わらせることで，仕事の効率を上げることができます。

　次のような細々した仕事は来た瞬間に終わらせています。

- アンケートなどの調査依頼。
- 誤字脱字の修正。
- 回覧による回答。　　　　　　など

❷ 探す時間がもったいない！

　細々した仕事の1番のロスが「探す時間」です。若手の頃の私は，いつも何かを探して時間をとられていたように感じています。しかし，細々とした仕事は取り組んでしまえばほんの数分で終わらせることができます。（後でやろう）を（今すぐやろう）に変えることで，不必要に時間をとられることがなくなります。

POINT

- 細々とした仕事は来た瞬間に終わらせる。
- 探し物の時間がなくなって仕事の効率が上がる。

耳読

アウトプットの連続の私たち教師は，インプットの機会を意図的にもつことが成長していくために大切です。通勤中の『耳読』での「ながら読書」なら，無理なく読書を習慣化できます。

鈴木　優太

 耳で本をながら読み

オーディオブックは，書籍を朗読する音声サービスです。耳で本を読みます。サブスクで読み放題や，無料でお試し体験できるアプリもあります。Wi-Fi 環境で音声データをダウンロードすれば，通信料の心配もありません。ナレーターや声優が本を朗読するため，心地よく本の世界を味わえます。

「音声読み上げ機能」を活用できる電子書籍が増えています。教育書の電子書籍化やオーディオブック化が広がることを切に願います。

 ネタ発動！

❶ 通勤中に『耳読』

通勤中に『耳読』をします。出勤時はやってみようという気持ちが湧き，退勤時は１日の振り返りを促し，よいイメージをもって１日を過ごせます。

忙しい毎日の中でも，読書の「習慣」と「よいイメージ」をもてることはプライスレスです。

教師の仕事は，アウトプットの連続です。インプットとの「バランス」でアップデートし続けることが大切です。

❷「倍速」で頭も回転

目で読むと何時間もかかる本も，耳だと数分の一の時間です。

さらに，「倍速」機能で，一層短時間で『耳読』することもできます。頭の回転も早くなる感覚があります。耳で聞いて気に入って購入した紙の書籍も私はたくさんあります。

自家用車通勤では，カーオーディオに接続します。ラジオのように数冊〜十数冊／月に『耳読』できます。

POINT

- 通勤中の『耳読』で良質なインプットを習慣化する。
- 「倍速」機能で，数分の一の時間で本を読める。

教材研究は隙間の時間に！

働き方改革が言われる昨今，やはり毎日の仕事はできるだけ効率的に進めたいもの。教師にとって生命線である教材研究は，日々の隙間の時間にやってしまうことをオススメします。

土作　彰

明日の準備はさっさと！

　一口に教材研究と言っても研究授業前などにじっくりやるものもあれば，あくまで「明日の授業準備」的なものもあります。本稿では後者を指します。最低限，明日の授業で発する指導言だけでもノートに書き出しておけば翌日に大きくしくじることもないでしょう。

　付随して必要なプリントや教具もできるだけ早めにさっと用意してしまうといいでしょう。

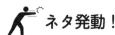 ネタ発動！

❶ 休み時間

　子どもたちとのコミュニケーションも大事ですが，できるなら子どもたちと遊ぶ前に１時間分だけでも準備してしまいましょう。

❷ 授業の隙間時間

　子どもたちに課題を与えて提出待ちになっているときやテストの際には，子どもたちへの対応をしつつ教材研究をしています。余裕がなければ取り敢

えず概略だけでもいいのでノートに書き出しましょう。気分的にもとても楽になります。

❸ 会議前

会議が始まるまでの十数分間でもかなりの準備ができます。15時開始の会議があるならその直前までは準備時間として使えます。

❹ ドリルの丸つけなどは最低限に

あまりに多くの課題を出してしまっては，その採点のために時間をかなり使います。自分で丸つけさせるなどして教師の採点業務をできるだけ減らしましょう。

（例）

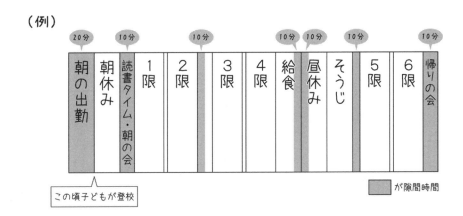

20分 10分 10分 10分 10分 10分 10分

朝の出勤 | 朝休み | 読書タイム・朝の会 | 1限 | 2限 | 3限 | 4限 | 給食 | 昼休み | そうじ | 5限 | 6限 | 帰りの会

この頃子どもが登校

　が隙間時間

POINT

・隙間時間を徹底活用する（10分ずつでも6回で1時間分になる）。

不必要なものはすぐ片づける

職員室の机の上には紙の山。教室に行けば，算数や図工，理科だけでなく，運動会や学習発表会で使う道具があふれています。物が多すぎると仕事が効率的に行えなくなるだけでなく，安心・安全にも影響が出てしまいます。

髙橋　朋彦

机の上に物があふれたら……

　職員室の机の上では，週案や職員会議の資料だけでなく，アンケートやチラシなどの紙類があふれています。教室に戻れば，運動会のダンスや応援で使う小物があふれています。

　図工では，紙コップやペットボトルを使った作品作りをし，理科では，キットを使った実験をします。職員室も教室も，物であふれて作業ができなくなってしまいます。

ネタ発動！

❶ 不必要なものはすぐ片づける！

　そうなる前にスキル発動！

　職員室では，古い週案やチラシなどの紙類は捨て，アンケートは答えて提出し，職員会議の資料などの必要な書類はファイリングします。教室では，使わなくなった道具は家に持ち帰ってもらったり，元あった場所に片づけたりします。

　すぐに片づけることで，教室や職員室が作業しやすい環境になりました。

　次のようなことを意識してすぐに片づけるようにしています。

・保管する必要がある資料はすぐにファイリング。

・持ち運んで使う資料はバインダーに挟んで持ち運ぶ。

・アンケートは答えてすぐに提出。

・不必要なものはすぐに捨てる。

・使わなくなった子どもの道具はすぐに持ち帰ってもらう。

・材料の切れ端などはすぐに捨てる。

❷ 仕事を進めることは片づけること

　片づけることは，過ごしやすい環境づくりをするためだけではなく，仕事を進めることにもつながります。片づけるには，やらなければならないことをやらなければ進められない資料がたくさんあります。ですので，片づけることにより，自然と仕事が進みます。

POINT

・片づけることは仕事が進むことだととらえて作業を進める。

動物占い

生年月日から60の動物キャラクターに分類する通称『動物占い』。一世風靡した『動物キャラナビ』が，学年を組む先生方との関係づくりや，子どもたちを理解するヒントになります。このような情報の収集整理のアンテナが大切です。

鈴木　優太

 強み理解の一助

春休みに一緒に学年を組む先生方と『動物占い』で盛り上がり，距離が一気に縮まりました。子ども理解の一助にも有効です。

キャラクター名
強い意志をもったこじか

生年月日
1985年04月11日

性別
不明

|キャラの特徴

男性

ポリシーを曲げない信念の人
考え方は穏やかで上下関係や礼儀にはうるさく，保守的な人。人見知りが激しく，警戒心が強いので，初対面の人にはなかなか心を開かない。争い事が嫌いで，やや八方美人。しかし内に秘めた強い意志があり，一度やると決めたことは最後までやり遂す頑固一徹な性格。ポリシーは絶対曲げないタイプ。責任感が強く，負けず嫌いで自信家。トラブルが起きても逃げも隠れもしない潔さがある。

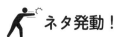 **ネタ発動！**

❶ 自分や他者の「強み」を生かすヒントに

自分や他者の「強み」を知ろうとすることは，よいパフォーマンスで生活や仕事をするために必須です。これは違うかもと思う記述も私は結構あるのですが，そこが自分の「強み」を顕在化するきっかけにもなっています。

無料で動物キャラ診断できるアプリがあるので，お試しください。過ごす時間が多い人とこそ，ぜひ。

動物キャラナビ

❷ 子どもを理解するヒントに

　子どもの特性をつかむために上手に活用しましょう。通信表の所見のヒントにもなります。トラブル予防や対策にも役立つでしょう。私たち教師の心を保つため，時には「占いのせい」と考えることで救われる事案だって起こり得ます。しかし，子どもや保護者や同僚の中には，「あなたは強い意志をもったこじかです」とカテゴライズされることに嫌悪感を示す人もいます。のめり込みすぎにはくれぐれも注意が必要です。かといって，自分の見立てだけを過信することもとても危険なのです。あらゆる情報へアンテナを立て，一人一人を理解しようとする姿勢が私たちには大切です。

【参考文献】
・弦本將裕『動物キャラナビ［バイブル］』集英社

POINT

・自分や他者の「強み」を生かすヒントになる。
・情報を広く集めて整理。一人一人を理解しようとする姿勢を大切にする。

年度末に慌てない方法

職員室で1年間の長丁場が終わる頃，「年度はじめに言っておいたあの書類などを3月中に提出してください」と言われて慌てることはありませんか？　大切な書類は，保管場所をしっかり決めておきます。

土作　彰

最後に回収される書類の保管場所

教科書や指導書，キャリアパスポート，保健室グッズなど，毎日使用するものにせよ，年間を通じて滅多に使わないものであっても，年度末に「提出せよ」と言われて焦るものって多くないですか？

「最後に回収される」ことを知らずに適当に収納して，大慌てしてしまったという苦い経験が何回もあります。すべて揃えるというのは，結構面倒くさいです。だったら年度はじめに保管場所を決めておくのが得策でしょう。

典型的なものについて紹介します。

ネタ発動！

❶ 教科書，指導書

私は「本棚に一括して立てておく」ことにしています。年間を通じて使用する頻度が高いので，あちこち使い回して行方不明になりがちですので，「本棚に必ず戻す」ことにしておきます。

❷ キャリアパスポート

　これらは教室の事務机の一番下の引き出しに入れてます。年間に２〜３回しか使用しませんから，子どもに記入させたらすぐに集めて戻しておきます。

❸ 保健室グッズ

　学校にもよりますが，体温計や絆創膏などの簡易的な治療グッズが１つのカゴに入ってるケースが多いです。私は給食の配膳台の下にある収納スペースに常時置くことにしています。

❹ 教室備品

　演示用の定規やコンパスなど，年間で使うシーンが限定的なものは黒板下のフックなどにかけることが多いので紛失は滅多ありませんが，磁石などの使用頻度が高いものは黒板の上部に行儀よく並べておくのがいいです。

❺ 教室図書

　図書室から学級に30冊などというように割り当てられ，学期ごとに取り換えることが多いです。子どもたちが持って帰ることもあるので，折に触れて冊数を確認しておくとよいでしょう。箱などに入れられている場合はその箱に必ず返却することを決めておけば学級にもともとあった本と混同することもほとんどなくなります。

POINT

• 年間を通じて保管場所を決めておく。

すべってなんぼ

「教室で子どもを笑わせたい！」と思うものの，（すべったらどうしよう……）と思ってしまうと，何かすることに躊躇してしまいます。すべってなんぼの気持ちで自信をもって取り組むことが子どもたちの笑顔につながります。

髙橋　朋彦

 ## うまく伝わるかな？

　最近，子どもたちが一生懸命に頑張ってくれています。特に，時間を守って行動する姿勢は，大人から見ても見事です。担任として，子どもたちにその成長の喜びを伝えたいのですが，うまく伝わるか不安です。

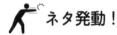 ## ネタ発動！

❶ すべってなんぼ！

　うまく伝わるか不安な気持ちもありましたが，「すべってなんぼ！」の気持ちで子どもたちに喜びを伝えることにしました。

　「最近みんなは，時間を意識して行動しているよね！　その姿に，先生はとても感動しました！　４月はダラダラと動いていたのに，今は自分たちでキビキビと動いている。そんな姿に成長してくれたことが本当に嬉しいです！　ありがとう！　これからも成長を楽しみにしているよ！」

　いつもより教師の感情が言葉に乗り，しっかりと子どもたちに伝えたいことを伝えることができました。

　次のような気持ちで子どもたちの前に立っています。

- 伝えたいことをしっかりと伝える。
- 自分の感情に素直になる。
- すべっても別に気にしない。

　例えすべったとしても，子どもたちはそこまで気にしていません。ですので，すべる・すべらないよりも，自分の感情に素直になり，伝えたいことをしっかりと伝えることを大切にしています。

❷ 教師が楽しむ！

　すべってなんぼの気持ちは，教師の話だけでなく，ミニレクや授業にも有効です！（すべったらどうしよう……）と，不安な気持ちで取り組むのでなく，「すべってなんぼ」の気持ちで教師が楽しむことで，教室に楽しい雰囲気をつくることができると考えています。

POINT

- 伝えたいことを伝えることを大切にする。
- 教師が楽しむ。

ハッピーそよかぜ

> 人間は，人生のおよそ３分の１もの時間を睡眠に費やすと言われています。良質な睡眠で，よき人生を歩むことができると言っても過言ではありません。健康への投資をおろそかにしては，成長も成功もありえません。

鈴木　優太

幸せな教師になろう

「幸せ」の正体は「３つの脳内物質」です。

１	セロトニン……健康
２	オキシトシン…つながり
３	ドーパミン……成功

『セロトニン的幸福をないがしろにして，ドーパミン的幸福を目指すと……「不幸」になってしまうのだ』と，『３つの幸福』の著者・樺沢は言い切ります。幸福の基礎は，健康なのです。

ネタ発動！

❶ 身体に合った寝具を使おう

　私は，寝具に介護用のマットレスを使っています。『ハッピーそよかぜ』（有限会社ハッピーおがわ）という商品を愛用しています。

　起床時の腰や肩の痛みがありません。寝たきりでも24時間快適！とうたっ

ているだけのことはあります。通気性に優れていてムレません。シャワーで手洗いも可能です。使っている布団の上に敷くだけです。硬めの敷布団が好みの私は，身体がリセットされる感じを実感できて気に入っています。

❷ 質が大切！　時間も大切！

　体に合った寝具を使うことで，短時間でもぐっすり眠れた感じがします。そうなると，私たちはつい睡眠時間を削って無理をしがちです。良質な睡眠が叶っても，睡眠時間を削ってよいことはありません。休むことも大切です。

【参考文献】
・樺沢紫苑『精神科医が見つけた３つの幸福　最新科学から最高の人生をつくる方法』飛鳥新社

POINT

- 人生の約３分の１を費やす睡眠環境を見直す。
- 体に合った寝具への投資が，長い目で見てとても大切ととらえる。

仲間をもつ

教職を楽しむためには何といっても自分の実践や悩みについて何でも語り合える仲間の存在が大切です。勤務校でも他校でも構いません。たとえ一人でも構いません。そんな「同志」を見つけましょう。

土作　彰

 ## 仕事に悩みを感じたら……

　どんな職種でもそうですが，仕事に悩みはつきものです。それはストレスとなり，蓄積するとメンタルを病むことにもつながりかねません。そこで，自分のさまざまな思いや悩みについて，あれこれ打ち明けられる仲間の存在が必要になります。例えば，同期で気の合う仲間が同じ勤務校にいればいいのですが，なかなかそうもいかないでしょう。では，どうすればよいでしょうか？

ネタ発動！

❶ 勤務校で相談相手を見つける

　勤務校には「この人すごいなあ」と感じる先輩がいるはずです。同学年でもいいし他学年でも構いません。そんな先生に放課後にでも「教えてください」と自分から教えを請いに行くとよいでしょう。多くの場合，優しく教えてくれるはずです。尊敬できる先輩を勤務校にもつのです。

❷ セミナーに参加する

　教育に関するものがいいですが，それ以外でも自分の興味のあるセミナーに参加しましょう。コロナ禍以降，リモートセミナーも頻繁に行われています。その際に交流の時間があったら進んで仲間を見つけましょう。対面なら名刺交換を行うのもいいでしょう。セミナーを契機にして，以後話ができる仲間を見つけるのです。

❸ 懇親会，オフ会に参加する

　リモートでもいいのですが，やはり対面でいろいろと話せる機会が大切です。そこでもし「近所」の仲間と知り合えたらサークルをつくることをオススメします。月に1回でも，対面でもリモートでもいいので実践や悩みを交流することです。

❹ そして1人で自分を見つめ直す時間をつくる

　そうしていろんな仲間と時間を共有することも大切なのですが，時には1人で自分自身の人生を見つめ直す「孤独」の時間をつくりましょう。もちろん実践について振り返るのもいいのですが，教職を超えて自分の生き方そのものを見つめ直すのです。休日カフェで読書もよし，自分の部屋でごろ寝もよし。そうしてボーッと過ごしているうちに「ようし！　明日も1つ何かやってみようか！」という意欲が湧いてくればしめたものです。

　仲間との時間と孤独の時間。ともに大切にしたいですね。

POINT

- 実践や悩みを打ち明けられる仲間をつくること。
- 時に孤独の時間をもつこと。

【著者紹介】

土作　彰（つちさく　あきら）
兵庫県公立小学校

髙橋　朋彦（たかはし　ともひこ）
千葉県公立小学校

鈴木　優太（すずき　ゆうた）
宮城県公立小学校

学級・授業・教師を楽しくする技術「ネタ」祭

2024年5月初版第1刷刊　©著　者　土　作　　　　彰
　　　　　　　　　　　　　　　髙　橋　朋　彦
　　　　　　　　　　　　　　　鈴　木　優　太
　　　　　　　　　発行者　藤　原　光　政
　　　　　　　　　発行所　明治図書出版株式会社
　　　　　　　　　　　　　http://www.meijitosho.co.jp
　　　　　　　　　　　　　（企画）佐藤智恵（校正）nojico
　　　　　　　　　〒114-0023　東京都北区滝野川7-46-1
　　　　　　　　　振替00160-5-151318　電話03（5907）6703
　　　　　　　　　　　　　ご注文窓口　電話03（5907）6668

＊検印省略　　　　　組版所　日本ハイコム株式会社

Printed in Japan　　　　　　　ISBN978-4-18-245223-9
もれなくクーポンがもらえる！読者アンケートはこちらから